STUDIUM GENERALE
der Ruprecht-Karls-Universität
Heidelberg

Sammelband der Vorträge
des STUDIUM GENERALE
der Ruprecht-Karls-Universität
Heidelberg
im Sommersemester 2014

Der Erste Weltkrieg und die Folgen

Herausgegeben von
ÓSCAR LOUREDA

Mit Beiträgen von
CORD ARENDES
MANFRED BERG
GERHARD HIRSCHFELD
GUDRUN KAMMASCH
STEFANIE VAN DE KERKHOF
GERD KRUMEICH
DOROTHEA REDEPENNING

Universitätsverlag
WINTER
Heidelberg

Bibliografische Information der Deutschen Nationalbibliothek

Die Deutsche Nationalbibliothek verzeichnet diese Publikation
in der Deutschen Nationalbibliografie;
detaillierte bibliografische Daten sind im Internet
über *http://dnb.d-nb.de* abrufbar.

ISBN 978-3-8253-6602-5

© 2016 Universitätsverlag Winter GmbH Heidelberg
Imprimé en Allemagne · Printed in Germany
Herausgeber: Ruprecht-Karls-Universität Heidelberg
Umschlaggestaltung: Klaus Brecht GmbH, Heidelberg, Umschlagbild: fotolia
Druck: Memminger MedienCentrum, 87700 Memmingen

Gedruckt auf umweltfreundlichem, chlorfrei gebleichtem
und alterungsbeständigem Papier

Den Verlag erreichen Sie im Internet unter:
www.winter-verlag.de

INHALT

Vorwort

Der „Große Krieg" gilt als der erste industriell und global geführte Massen- und Maschinenkrieg der Moderne. Er kostete in seiner Grausamkeit und Härte nicht nur über zehn Millionen Soldaten das Leben und ließ doppelt so viele verwundet und verstümmelt zurück, die Zahl der zivilen Opfer ging ebenfalls weit über die Millionengrenze hinaus.

In der deutschen Erinnerungskultur spielt der Erste Weltkrieg – anders als bspw. in Großbritannien oder Frankreich – vor allem dann eine Rolle, wenn es um die Anfänge und Ursachen des anschließend erstarkenden Nationalsozialismus geht. Auch international wird er nach dem Ende des Zweiten Weltkriegs als „Urkatastrophe des 20. Jahrhunderts" bezeichnet, der den Samen für einen noch schrecklicheren Krieg gelegt hat. In manchen Quellen spricht man sogar vom zweiten 30-jährigen Krieg, der 1914 begann und erst 1945 sein Ende fand. Unbestritten ist sein Einfluss auf die damalige Weltordnung, deren Ende er einleitete.

Im Sommersemester 2014 – als der Beginn des Ersten Weltkrieges sich zum 100. Mal jährte – hat die Studium Generale-Vortragsreihe der Universität Heidelberg intensiv die damaligen Ereignissen und ihren Folgen behandelt. Mit dem Titel „Der Erste Weltkrieg und die Folgen" widmeten sich renommierte Wissenschaftlerinnen und Wissenschaftler den unterschiedlichen Facetten des „Großen Krieges", ihre Beiträge über die verschiedenen Disziplinen hinweg sind in diesem Buch zusammengefasst. Das Spektrum reicht von Analysen des historischen Erbes oder den wirtschaftlichen Folgen des Krieges über die Auswertung von Fotografien aus dem Ersten Weltkrieg bis hin zu einer Betrachtung der Beziehung zwischen Musik und Krieg.

Gerd Krumeich vom Institut für Geschichtswissenschaften der Universität Düsseldorf leitet den Band ein mit einer Analyse der kurz- und langfristigen Dimensionen, die zur Entstehung des Ersten Weltkriegs beigetragen haben. Er macht deutlich, warum aus seiner Sicht klar zwischen Kriegsursachen und Kriegsentfesselung unterschieden werden muss und die Deutschen nach wie vor nicht aus der Schuldfrage entlassen sind.

Der Heidelberger Historiker Cord Arendes analysiert in seinem Beitrag die überlieferten visuellen Erinnerungen an den Ersten Weltkrieg. Er konzentriert sich dabei besonders auf das Medium Fotografie und die Frage, inwieweit die uns bekannten Bilder des Ersten Weltkriegs die damalige Realität tatsächlich darstellen konnten und sollten.

Einblicke in individuelle Schicksale im Zusammenhang mit dem Ersten Weltkrieg gibt Gudrun Kammasch von der Beuth Hochschule für Technik in Berlin, wenn sie Leben und Werk des Wissenschaftlerpaars Fritz Haber und Clara Immerwahr beleuchtet. Am Beispiel des Konflikts zwischen den Eheleuten geht sie auf die ethischen Dimensionen von Wissenschaft und Forschung ein.

Der Heidelberger Historiker und Inhaber der Curt-Engelhorn-Stiftungsprofessor für Amerikanische Geschichte, Manfred Berg, beleuchtet in seinem Beitrag die Bedeutung der USA für den Verlauf des Ersten Weltkriegs und die Rückwirkungen des Krieges auf die amerikanische Gesellschaft. Daran anschließend betrachtet Stefanie van de Kerkhof, Gastprofessorin im Bereich der Wirtschafts- und Sozialgeschichte sowie der Volkswirtschaftslehre an der Universität Mannheim, die aus ihrer Sicht in der deutschen Geschichtsforschung bisher vernachlässigten ökonomischen und sozialen Folgen des Krieges.

Gerhard Hirschfeld, Professor am Historischen Institut der Universität Stuttgart, geht der Frage nach, was diesen Krieg

„groß" werden ließ und beschäftigt sich mit den Auswirkungen des Ersten Weltkriegs auf Hitlers Politik und Kriegsführung, bevor abschließend die Heidelberger Musikwissenschaftlerin Dorothea Redepenning noch einmal einen ganz neuen Blick auf den Krieg und seine Implikationen für Mensch und Gesellschaft wirft. Sie betrachtet in ihrem Beitrag das Dreieck Mensch – Musik – Krieg und erläutert die Auswirkungen des Krieges sowohl auf die Komponisten der Zeit als auch auf ihr Publikum.

Ich möchte all jenen herzlich danken, die an der Entstehung dieser Vortragsreihe beteiligt waren, insbesondere den Referentinnen und Referenten, die den Abdruck ihrer Beiträge im vorliegenden Sammelband ermöglicht haben.

Unseren Leserinnen und Lesern wünsche ich viel Vergnügen bei der Lektüre und hoffe, Sie bei der nächsten Vortragsreihe des Studium Generale an der Universität Heidelberg begrüßen zu dürfen.

Óscar Loureda
Prorektor

GERD KRUMEICH

Entstehung und Ausbruch des Ersten Weltkriegs

Wie konnte es zum Ausbruch des Ersten Weltkriegs kommen, eines Krieges, der die Weltkarte bis auf unsere Tage hin entscheidend verändert hat und dessen konkrete Nachwirkungen auf dem Balkan, im mittleren Osten sowie in Afrika noch heute spürbar sind?

Die Debatte über die Ursachen des Ersten Weltkriegs ist seit 1914 zweitweise mit größter Erbitterung geführt worden. Und die Kriegsschuld-Diskussion war einer der stärksten Belastungsfaktoren für die internationalen Beziehungen in den 1920er Jahren. Schließlich galt es, den Tod von nahezu 11 Millionen Soldaten zu legitimieren bzw. die Schuld hierfür von sich zu weisen.[1] Wie traumatisch diese Frage heute noch ist, zeigt m. E. der ungeheure Erfolg, den das Buch des in England lehrenden australischen Historikers und Deutschland-Experten Christopher Clark, „Die Schlafwandler" hierzulande gehabt hat. Im Spätherbst 2013 erschienen, sind davon bis heute in der Originalausgabe nahezu 350.000 Exemplare abgesetzt worden, was es noch nicht gegeben hat, seit es wissenschaftliche Literatur gibt. Denn dieses Werk ist streng wissenschaftlich, hat aber die Kernaussage, dass Deutschland weit weniger als andere Großmächte, insbesondere Frankreich und Russland, am Ausbruch des Krieges schuldig ist, dass sich aber im Grunde alle Mächte wie „Schlafwandler" in diese Krise begeben hätten. Schlafwandler sind aber keineswegs Traumtänzer, sondern Menschen, die ohne

---

[1] Vgl. zur Kriegsschulddebatte mit der Spezialliteratur: Gerd Krumeich,. *Juli 1914. Eine Bilanz*, Paderborn 2014, S. 183-203.

jede Rücksicht, weder auf eigenes noch auf fremdes Leben,
ihren Plan, etwa durch das Schlafzimmerfenster zum Mond zu
gelangen, in die Tat umsetzen, und deshalb regelmäßig abstür-
zen. Das hat C. Clark mit seiner Schlafwandler-Metapher gemeint, und das ist auch sicherlich – jenseits der manchmal etwas
zu schlichten Apologie der deutschen Politik – der Kerngehalt
dieses Buches? [2]

Tatsächlich kann man sich des Eindrucks nicht erwehren
dass die Vorkriegsdiplomatie der europäischen Mächte „schlaf-
wandlerische" Züge in diesem Sinne hatte. Jede Macht verfolgte
mit Raffinesse und im Grund ohne jede Rücksicht auf die Interessen der anderen Länder ihre Ziele und Politik. Außenpolitik
bestand nicht in erster Linie im Bemühen um einen Konsens,
sondern im Bestreben, den jeweils anderen und prospektiven
Konkurrenten bzw. Gegner auszubluffen. „Bluff" wurde tatsächlich nicht von ungefähr zu einem Leitmotiv der Politik, die
sich schließlich im Juli 1914 regelrecht „festbluffte", wie Jagow, der Staatssekretär des Auswärtigen, einmal zugestand.

Aber diese antagonistische Außenpolitik des unbedingten Ei-
geninteresses kam nicht von ungefähr. Sie entsprach durchaus
dem Zeitgeist, denn in den Jahren seit 1900 war Europa zu einem Wespennest aufgeregter Nationalismen geworden.

Dies hing zusammen mit dem Wettstreit der europäischen
Mächte um Kolonien, um „Lebensräume" und Absatzmärkte in
der Dritten Welt. Vielfach herrschte die Vorstellung – am stärksten wohl in Deutschland –, dass man selber dem Untergang
geweiht sei, wenn man sich nicht politisch-ökonomisch weiter
entwickle. „Weltmacht oder Niedergang" so lautete der Topos
jener Zeit, die ohnehin bestimmt war von der neuen Er-
satzreligion aller Gebildeten, dem Sozialdarwinismus. Alles
wurde angesehen als ein „struggle for life" und „survival of the
fittest".[3] Aber wie sollte Deutschland – das ja erst seit 1871 zu

---

[2] Christopher Clark, *Die Schlafwandler*, München 2013.
[3] Zum Sozialdarwinismus mit großer Literaturübersicht: Hans-Ulrich Weh-
ler, *Deutsche Gesellschaftsgeschichte*, Bd. 3, München 1995, S. 1081-
1086.

einem Großstaat geworden war – seinen „Platz an der Sonne" erhalten, wenn die anderen Mächte schon überall Platz genommen hatten und ihre Imperien und Einflusssphären gegenüber dem *newcomer* argwöhnisch behaupten wollten? Immer stärker fühlten sich die Deutschen von den anderen Mächten „eingekreist", an der lebensnotwendigen Weiterentwicklung ihres Reiches gehindert. Diese Sorge wurde allmählich beherrschend – so sehr, dass schließlich nahezu alle Deutschen glaubten, in einen Verteidigungskrieg zur Sicherung ihrer Lebensinteressen – gegen neidische und aggressive Nachbarn ziehen zu müssen.[4]

1911 versuchte Deutschland, Frankreich mit Kriegsdrohung zu kolonialen Zugeständnissen in Afrika zu zwingen. Aber die Tatsache, dass die Deutschen ein Kanonenboot vor dem Hafen der marokkanischen Küstenstadt Agadir aufkreuzen ließen, um ihrer Forderung Nachdruck zu verleihen – dies war ein gutes Beispiel für die schon angesprochene Bluff- und Erpressungspolitik – , bestärkte die Franzosen in ihrer alten Überzeugung, dass es der unruhige Nachbar auf Krieg abgesehen habe. Frankreich musste schließlich nachgeben und ein Stückchen Land in Afrika abgeben bzw. eintauschen, weil das Heer noch nicht zum Kriege bereit war.[5] Aber man war entschlossen, eine solche Erpressung nie wieder zuzulassen. Es kam ab dem Januar 1912 zu einem regelrechten „nationalist revival"[6], zu einem Straßennationalismus, umjubelten Militärparaden. Mit Raymond Poincaré

---

[4] Zur „Einkreisungs"-Ideologie gibt es leider bislang kaum Studien: Ute Daniel, *Einkreisung und Kaiserdämmerung*, Berlin 2005; Gerd Krumeich *„Einkreisung". Zur Entstehung und Bedeutung eines politischen Schlagwortes*, in: *Sprache und Literatur in Wissenschaft und Unterricht* 20 (1989), S. 99-104.

[5] Zur Agadir-Krise, mit der für mich die unmittelbare Vorkriegszeit beginnt: Jean-Claude Allain, *Agadir. 1911. Une crise impérialiste en Europe pour la conquête du Maroc*, Paris 1976; Emily Oncken, *Agadir. Die deutsche Politik während der Zweiten Marokkokrise*, Düsseldorf 1981; Thomas Meyer, *« Endlich eine Tat, eine befreiende Tat ». Alfred von Kiderlen-Wächters „Panthersprung nach Agadir"*, Husum 1996.

[6] So der Titel des besten Buches zum Thema: Eugen Weber, *The Nationalist Revival in France, 1905-1914*, Berkeley 1968.

als neuem Ministerpräsidenten (ab Januar 1912) kam ein Loth-
ringer an die Macht, der zwar keineswegs ein „Revanchist" war,
wie in Deutschland oft bis heute behauptet wird, der aber einen
neuen Kurs der außenpolitischen „Festigkeit" gegenüber dem
bedrohlichen und ungestümen Nachbarn einschlagen wollte.
Deshalb titulierte ihn das Volk bald liebevoll „Poing-carré"
(etwa: knallharte Faust). Seine politische Doktrin fasste
Poincaré einmal in die von der Öffentlichkeit umjubelten Worte:
„Frankreich ist friedlich, aber es fürchtet den Krieg nicht".[7]

Aber wichtiger noch als dieser populistische neue Nationalismus war die Tatsache, dass Frankreich mit der Agadir-Krise
1911 begann, seine militärischen Beziehungen zu Großbritannien und zu Russland zu konsolidieren. Mit den Briten kam es
ab Juli 1911 zu Marinegesprächen, und im Jahre 1912 wurde
das seit 1894 bestehende, aber in den Jahren zuvor ganz inope-
rative Bündnis mit Russland gewissermaßen reaktiviert.[8]

Schließlich führte man – gleichzeitig (!) mit den Deutschen –
Anfang 1913 eine riesige Aufstockung des Heeres durch.[9] Dies
sei hier ausdrücklich betont, weil in der französischen Erinnerung ganz eindeutig das Rüstungsprojekt von 1913 eine zwin-
gend notwendige „Antwort" auf die deutschen Rüstungen gewesen ist.

Das alles geschah unter dem Zeichen der Vorbereitung auf
einen als unausweichlich angesehenen Krieg. Niemand hätte
sich gewundert, wenn die Balkankriege von 1912 und 1913, die
ja mit konkurrierender „logistischer", finanzieller und militäri-

---

[7] Discours de Nantes, vgl Gerd Krumeich, *Poincaré und der „Poincaris-
mus"*, in: Francia 8 (1980), S. 427-454.

[8] Samuel Williamson, *The Politics of Grand Strategy. Britain and France
Prepare for War*, Cambridge 1972; George F. Kennan, *Die schicksalhafte
Allianz. Frankreich und Rußland am Vorabend des Ersten Weltkriegs*,
Köln 1984; David Stevenson, *Armaments and the Coming of War. Europe
1904 – 1914*, Oxford 1996.

[9] Gerd Krumeich, *Aufrüstung und Innenpolitik in Frankreich vor dem Ers-
ten Weltkrieg*, Wiesbaden 1980; Stig Förster, *Der doppelte Militarismus.
Die deutsche Heeresrüstungpolitik zwischen status-quo-Sicherung und
Aggression, 1890–1913*, Stuttgart 1985.

scher Hilfe der Großmächte ausgefochten wurden, zu einem allgemeinen Krieg geführt hätten. Aber noch fand man Kompromisse, weil keine Macht schon hinreichend gerüstet war und es auf Krieg ankommen lassen wollte. So hielt Deutschland noch im Spätherst 1913 ultimativ den österreich-ungarischen Bundesgenossen davon ab, die Gelegenheit der Balkankriege zu nutzen, um Serbien, das sich hier stark vergrößert hatte und ein gefährlicher Nachbar der Donaumonarchie wurde, durch einen Krieg wieder einzudämmen bzw. sogar zu zerstückeln.

Ab dem Frühjahr 1914 aber spitzte sich die Lage der internationalen Politik gefährlich zu, weil nunmehr die russischen Rüstungen die deutschen Militärs und Politiker stark beunruhigten. Denn die Russen begannen, ihr strategisches Eisenbahnnetz an der deutschen Ostgrenze auszubauen. Dazu häuften sich die russischen Stimmen, die betonten, dass Russland nunmehr bereit zum Krieg sei.[10]

Ab Mai 1914 geriet deshalb bei den deutschen militärischen und politischen Führern die Befürchtung zur Panik, dass wegen dieser russischen Hochrüstung der deutsche Aufmarschplan von 1905, der so genannte „Schlieffenplan", bald nicht mehr würde funktionieren können. Schlieffen wollte in einem künftigen Zwei-Fronten-Krieg zunächst Frankreich innerhalb von vier Wochen schlagen, um dann die Hauptmacht des Heeres gegen das als langsam angesehene Russland einzusetzen. Nach den Berechnungen der Militärs würde Russland drei Wochen brauchen, bevor es nach Kriegsbeginn an der deutschen Ostgrenze aktiv kämpfen könne. Sollte sich aber diese Frist durch die neuen russischen Eisenbahnlinien und andere Maßnahmen erheblich verringern, so konnte der Schlieffenplan nicht mehr funktionieren. Aber eine Alternative war nicht in Sicht.

Anfang Juni 1914, einen knappen Monat vor dem Attentat von Sarajewo, erklärte Moltke gegenüber Jagow, dem „Außenminister"[11] des Deutschen Reiches:

---

[10] Hierzu näher, Krumeich, *Juli 1914*.

[11] Jagow war de facto Außenminister, de jure Staatssekretär des Auswärtigen. Das Deutsche Reich hatte keinen Außenminister.

Die Aussichten in die Zukunft bedrückten ihn schwer. In 2-3 Jahren würde Russland seine Rüstungen beendet haben. Die militärische Übermacht unserer Feinde wäre dann so groß, dass er [Moltke] nicht wüsste, wie wir ihrer Herr werden könnten. Jetzt wären wir ihnen noch einigermaßen gewachsen. Es bleibe seiner Ansicht nach nichts übrig als einen Präventivkrieg zu führen, um den Gegner zu schlagen, so lange wir den Kampf noch einigermaßen bestehen könnten.[12]

Die Zukunftsangst der deutschen Regierenden und Militärs wurde im Mai 1914 noch dadurch verstärkt, dass Russland und England in geheime Verhandlungen über eine Marinekonvention eintraten.[13] Das Auswärtige Amt wurde nämlich durch einen in der russischen Botschaft in London platzierten Spion über diese Verhandlungen informiert. Auf deutsche Nachfrage in London wurde aber versichert, dass es solche Gespräche nicht gebe. Daraus folgerte sogar der eigentlich ganz und gar nicht kriegstreiberische Reichskanzler Bethmann Hollweg, dass offensichtlich der „Ring der Einkreisung" Deutschlands nunmehr geschlossen werde und dass deshalb alles auf Krieg hinauslaufe. Heute wissen wir, dass diese Gespräche nicht gegen Deutschland gerichtet waren, damals aber sah das anders aus![14]

Und dann geschah am 28.6.1914 das Attentat von Sarajewo. Nichts, aber auch gar nichts, ließ zunächst darauf schließen, dass aus diesem von allen Mächten verabscheuten Königsmord binnen eines Monats der Große Krieg entstehen könnte. Für Russen, Franzosen und Engländer war klar, dass die Donaumonarchie allen Grund hatte, Serbien zu strafen. Aber Österreich-Ungarn wollte mehr. Man wollte die günstige Gelegenheit nutzen, endlich mit dem ebenso unruhigen wie drückenden serbi-

---

[12] Zit. nach: Erwin Hoelzle (Hg.), *Quellen zur Entstehung des Ersten Weltkriegs*, Darmstadt 1995, S. 243 f.
[13] Hierzu jetzt die wohl definitive Studie von: Stephen Schröder, *Die englisch-russische Marinekonvention. Das Deutsche Reich und die Flottenverhandlungen der Tripelentente am Vorabend des Ersten Weltkriegs*, Göttingen 2006.
[14] Darauf insistiert zu Recht Christopher Clark, *Die Schlafwandler*, S. 134; insgesamt zu den Marinegesprächen: Schröder, *Marinekonvention*.

schen Staat aufzuräumen. Und als die Österreicher einen Sondergesandten namens Hoyos nach Berlin schickten, um nachzufragen, wie der deutsche Bündnispartner sich denn verhalten werde, falls Russland als Schutzmacht der slavischen Völker in einen Krieg gegen Serbien eingreife, erhielten sie die Antwort, dass Deutschland auf jeden Fall mitziehe.[15] Tatsächlich hatte die deutsche militärische und politische Führung innerhalb von nur einer Woche eine noch nie dagewesene Krisenstrategie entwickelt: Österreich-Ungarn sollte Serbien militärisch ausschalten, und wenn Russland eingriff, war man auch bereit, einen Krieg mit Russland und dessen Verbündetem Frankreich zu führen. Das heißt nicht, dass Berlin unbedingt einen Krieg wollte, aber man wollte testen, ob Russland wirklich kriegsbereit sei. Und sollte Russland sich tatsächlich mächtig genug fühlen, wegen Serbien auch einen Krieg mit Deutschland zu riskieren, dann wollten der Kaiser, Moltke und Bethmann diesen Krieg „lieber jetzt als später" haben.

Die gesamte Einstellung der deutschen Regierenden wird schlaglichtartig durch das Gespräch beleuchtet, das Theodor Wolff, der Chefredakteur des „Berliner Tageblatts", am Vormittag des 25. Juli mit Staatssekretär Jagow im Auswärtigen Amt führte:

[…] Die österreichische Note fände ich [Wolff] wenig geschickt. – Er [Jagow], sehr lebhaft und lächelnd: Das finde er auch, es sei ein Sammelsurium von zusammengesuchten Forderungen, zwei drei große Punkte wären besser gewesen. Aber man müsse nun vor allem fest bleiben. Ich sage […]. ob wir aber nicht in einen Weltkrieg verwickelt werden könnten? Wenn Rußland nun nicht zurückweiche … Jagow: Er glaube das nicht, die diplomatische Situation sei sehr günstig. Weder Rußland noch Frankreich, noch England wollten den Krieg. Und wenn es sein müsse (lächelnd) – einmal werde der Krieg ja doch kommen, wenn wir die Dinge gehen ließen, und

---

[15] Genaueres hierzu mit weiterführender Literatur: Gerd Krumeich, *Juli 1914. Eine Bilanz.*

in zwei Jahren sei Russland stärker als jetzt. Beim Abschied: Ich
halte die Situation nicht für kritisch.[16]

Dieser Wunsch, Russlands Kriegswillen zu „testen", führte zu
der eigentlich kuriosen und damals von niemandem außerhalb
der deutschen Regierung verstandenen Forderung, die Auseinandersetzung zwischen Serbien und Österreich-Ungarn müsse
unbedingt „lokalisiert", d. h. auf diese beiden Mächte be-
schränkt bleiben. Alle anderen Großmächte, Russland genauso
wie Frankreich und England, forderten, ja baten darum, internationale Gespräche über die Frage zu führen, ob und wie
Serbien gemäßigt werden solle. Deutschland aber lehnte alle
Vorstöße zu Verhandlungen, wie sie doch in den Jahren zuvor
immer stattgefunden hatten, kategorisch ab: Diese Auseinandersetzung sei eine Angelegenheit allein zwischen der Donaumonarchie und Serbien, und niemand dürfe sich einmischen. Völlig
unerträglich wurde dieser Standpunkt der Deutschen für die
anderen Mächte, als die Österreicher den Serben am 23.7. ein
Ultimatum stellten, das nach damaligem Empfinden vollständig
unannehmbar war. Und so war es auch geplant! Ich betone diese
quellenmäßig eindeutige Tatsache deshalb hier besonders, weil
C. Clark, und andere Historiker der Auffassung sind, dass dieses
Ultimatum doch eigentlich annehmbar gewesen sei. Nein, der
österreichisch-ungarische Ministerrat hat sogar am 7. Juli be-
schlossen und diesen Beschluss am 14. Juli bekräftigt, dass man
ein unannehmbares Ultimatum stellen wolle, um Serbien durch
einen Krieg auf unabsehbare Zeit auszuschalten. Der entscheidende Passus dieses Dokuments hatte folgenden Wortlaut:

> Dagegen sind alle Anwesenden mit Ausnahme des königlich-
> ungarischen Ministerpräsidenten der Ansicht, dass ein rein dip-
> lomatischer Erfolg, wenn er auch mit einer eklatanten Demütigung
> Serbiens enden würde, wertlos wäre und dass daher solche
> weitgehende Forderungen an Serbien gestellt werden müssten, die

---

[16] Bernd Sösemann (Hg.), *Theodor Wolff. Tagebücher 1914-1919*, 2 Tle.,
Boppard 1984, das Gespräch ebd., Tl. 1, S. 63-65.

eine Ablehnung voraussehen ließen, damit eine radikale Lösung im Wege militärischen Eingreifens angebahnt würde.[17]

Das Ultimatum erfolgte am 23. Juli und erst mit diesem Zeitpunkt war ein großer Krieg wirklich in Sicht. Alle Mächte fragten sich, welche Absichten Deutschland hatte. Wollte Wilhelm II. wirklich den Krieg? Das Misstrauen wurde umso größer, als Deutschland sich auf den Standpunkt stellte, man habe mit diesem Ultimatum nichts zu tun, das sei allein Österreichs Angelegenheit. Berlin sei nicht einmal informiert worden. Das glaubte niemand und das stimmte auch nicht.[18] Die Empörung steigerte sich, als die serbische Antwort auf das Ultimatum bekannt wurde, und die Tatsache, dass Österreich-Ungarn diese nicht akzeptiert, sondern sofort die diplomatischen Beziehungen mit Serbien abgebrochen hatte. Denn die serbische Antwort war so geschickt formuliert und sachlich so konziliant, dass Österreich-Ungarn ins Unrecht gesetzt wurde. Denn Serbien nahm alle Forderungen an, bis auf die eine, in der Tat nach damaligem Rechts- und Ehrempfinden unannehmbare, dass nämlich österreichische Beamte in Serbien Untersuchungen gegen die Attentäter durchführen durften. Aber da die Donaumonarchie genau diese Ablehnung beabsichtigt hatte, reiste der Botschafter umgehend aus Belgrad ab und Österreich erklärte Serbien am folgenden Tag den Krieg.

Das aber war für Russland völlig unannehmbar. Welcher russische Staatsmann konnte sich dem Vorwurf aussetzen, die kleine „Brudernation", die immer unter dem Schutz des Zaren gestanden hatte, einfach preiszugeben? So schaltete Russland alsbald auf Kriegskurs. Das wurde ihm auch durch die Tatsache erleichtert, dass die französische Regierung sich in dieser Krise recht doppeldeutig verhielt. Einerseits wurde von Paris aus energisch um eine Begrenzung der Krise durch Gespräche zwischen den Großmächten gedrungen. Andererseits hat Staatspräsident Raymond Poincaré gemeinsam mit dem französischen

---

[17] Das Protokoll abgedruckt in: Gerd Krumeich, *Juli 1914*, S.225-237; Zit. Ebd. S. 234.
[18] Einzelnachweise ebd. S. 107 ff.

Botschafter in Petersburg, Maurice Paléologue, auf dem Höhepunkt der Julikrise alles getan, um den Russen die Sicherheit zu geben, dass Frankreich unter allen Umständen eine Politik der Unnachgiebigkeit gegenüber Deutschland befürworte. Russland konnte sich deshalb ziemlich sicher sein, dass Frankreich im Kriegsfall tatsächlich unbedingt an seiner Seite stehen würde.[19]

Die Briten unterschätzten während der Krise lange den dramatischen Charakter der deutschen Politik. Außenminister Grey unterließ es – was ihm später heftig vorgeworfen worden ist – noch zur rechten Zeit eine klare Warnung an Deutschland auszusprechen. Noch Anfang August wussten weder die Alliierten Großbritanniens noch Deutschland und Österreich-Ungarn, ob England überhaupt in einen Krieg eingreifen werde.

Allerdings hat Grey in der Endphase der Juli-Krise mehrfach versucht, die Österreicher, Russen und Deutschen zu Verhandlungen zu bewegen, etwa zu einer Konferenz der Mächte in London, wie man es doch während der Balkankriege, die ebenfalls gedroht hatten, in eine Konflagration der großen Mächte auszuarten, erfolgreich getan hatte. Aber sicherlich wäre es krisenmindernd gewesen, hätte die britische Regierung spätestens seit dem österreichischen Ultimatum an Serbien in aller Klarheit kundgetan, dass mit einer britischen Neutralität im Kriegsfall nicht zu rechnen sei.

Trotz aller deutschen Warnungen an Russland kam es dann am späten Abend des 30.7. zur russischen Generalmobilmachung.

Die russische Mobilmachung ist seitdem und bis heute für viele Historiker das entscheidende Moment der Auslösung des Krieges gewesen,[20] die deutsche „Kriegsunschuld"- Kampagne nach 1919 hat ganz auf diesem Vorwurf aufgebaut.[21] Dagegen

---

[19] Hierzu detailliert: Stefan Schmidt, *Frankreichs Außenpolitik in der Julikrise 1914*, München 2009.

[20] Vgl. hierzu meinen Forschungsbericht mit der Spezialliteratur: Gerd Krumeich, *Juli 1914*, S. 183 ff.

[21] Ulrich Heinemann, *Die verdrängte Niederlage. Politische Öffentlichkeit und Kriegsschuldfrage in der Weimarer Republik*, Göttingen 1983.

bleibt allerdings festzuhalten, dass Russland trotz bereits erfolgter Teilmobilmachung (gegen Österreich-Ungarn) weitere Verhandlungen anbot und noch am 30.7. einen ernsthaften Friedensplan vorlegte. Dieser Text ist in der Nachkriegszeit und bis heute als die „Sasonowsche Formel" bezeichnet worden.[22] Diese hatte folgenden Wortlaut:

> Wenn Österreich erklärt, dass es in Anerkennung des Umstandes, dass ein Streitfall mit Serbien den Charakter einer Frage von europäischem Interesse angenommen hat, sich bereit erklärt, aus seinem Ultimatum die Punkte zu entfernen, die den Souveränitätsrechten Serbiens zu nahe treten, so verpflichtet sich Russland, alle militärischen Vorbereitungen einzustellen.[23]

Deutschland aber weigerte sich, überhaupt weiter zu verhandeln, solange Russland mobil machte. Denn in der deutschen Kriegsplanung war nicht vorgesehen, dass Russland mobil machen und gleichwohl verhandeln wollte. Für den Schlieffenplan war eine solche Modalität sogar eine Katastrophe. Denn jeder Tag, den Russland mobilisierte, war ein verlorener Tag für den deutschen Aufmarschplan. Dieser beruhte ja auf einer angenommenen Langsamkeit der russischen Mobilmachung, so dass im Kriegsfall die Hauptmacht der deutschen Armee erst Frankreich schlagen könnte, um sich anschließend gegen Russland zu wenden.

Aber hatte Sasonow, der russische Außenminister, nicht Recht, wenn er gegenüber den Deutschen erklärte, man könne die Mobilmachung jederzeit wieder stoppen, und gegen eine *armed diplomacy*, die seit Jahrhunderten zum europäischen Staats- und Kriegsdenken gehörte, sei doch wirklich nichts einzuwenden?

Doch der deutsche Aufmarschplan war so eng und alternativlos gefasst worden, dass ein Abwarten eben nicht möglich

---

[22] Luigi Albertini, *The Origins of the War of 1914*, Bd., 2, London 1952, S. 561 ff.
[23] Pourtalès an Jagow, 30.7.1914: In: Imanuel Geiss (Hg.), *Julikrise und Kriegsausbruch 1914*, 2 Bde, Hannover 1963/4, hier: Bd. 2, Nr. 776, S. 365 f.; fast gleichlautend bei S. D. Sasonoff, *Sechs schwere Jahre*, Berlin 1927, S. 243, anstelle von „zu nahe treten" steht dort „verletzten."

war. Deshalb erklärte Deutschland dann lieber Russland den Krieg als nachzugeben und Österreich-Ungarn zu einer gemäßigteren Haltung gegenüber Serbien zu zwingen, wie es inzwischen auch Kaiser Wilhelm vorzuziehen schien.

Das deutsche Kalkül hatte ja darin bestanden, herauszufinden, ob Russland bereit sei zum Krieg, und diesen dann, wenn nötig, „lieber jetzt als später" zu führen. Jetzt hatte man im Grunde erreicht, was die militärische Führung schon lange verlangt hatte. Nun zeigte sich tatsächlich, dass Russland wirklich schon zum Krieg bereit war. Doch es besteht kein Zweifel daran, dass die Entscheidung zum Großen Krieg letztlich von Deutschlands Politikern und Militärs getroffen worden ist.

Dessen war man sich auch bewusst, wie das folgende Zitat aus einem Geständnis des ehemaligen Reichskanzler Bethmann Hollweg im Februar 1918 gegenüber dem liberalen Abgeordneten Conrad Haussmann zeigt, der ihn – im Anblick von Verdun, der Somme und den Millionenverlusten – fragte, warum man denn 1914 den Krieg riskiert hatte:

> [...] Ja, Gott, in gewisser Weise war es ein Präventivkrieg. Aber wenn der Krieg über uns hing, wenn er in zwei Jahren noch viel gefährlicher und unentrinnbarer gekommen wäre und wenn die Militärs sagen, jetzt ist es noch möglich, ohne zu unterliegen, in zwei Jahren nicht! Ja, die Militärs [...]

Damit ist alles gesagt: Nicht Eroberungslust und Leichtfertigkeit haben Deutschland dazu gebracht, im Juli 1914 die Lunte in das Pulverfass zu werfen, sondern Zukunftsangst und die (falsche) Vorstellung, dass ein Krieg auch zwischen den Großmächten eine kalkulierbare „Fortsetzung der Politik mit anderen Mitteln" sein könnte. Man glaubte tatsächlich ganz überwiegend an die Möglichkeit, dass der künftige Krieg mit ein paar entscheidenden Schlachten schnell beendet sein werde und dann der Sieger sicherlich Bedingungen diktieren, man aber grundsätzlich wieder zur alten Tagesordnung der europäischen Politik würde übergehen können. Die entscheidenden Politiker und Militärs aller Mächte hätten sich sicherlich anders verhalten, wenn sie gewusst hätten, dass man mit dieser Kriegserklärung einen

Weltkrieg von viereinhalb Jahren mit 11 Millionen toten Soldaten und die Zerstörung Europas in Gang setzte.

CORD ARENDES

Wirklichkeitsbilder? Fotografie und die Erinnerungen an den Ersten Weltkrieg

Einleitung

Der Erste Weltkrieg ist in der europäischen Erinnerungskultur erst seit kurzem wieder präsent. Dies haben unzählige Veranstaltungen während des gesamten Jahres 2014 deutlich gezeigt. Der Verschiedenheit der jeweiligen nationalen Narrative zum Trotz beschreibt der Erste Weltkrieg heute einen gemeinsamen, vor allem europäischen, Erfahrungsraum, und es lassen sich sogar erste Ansätze einer europäischen Gedenkkultur ausmachen.[1] Die Epoche, die 1914 begann, ist aber noch lange nicht abgeschlossen. Erinnerung und Gedenken werden dabei von einem hohen Maß an Emotionalität begleitet:

> Die eigentümliche Faszination, die für uns heute von dem Datum 1914 ausgeht, mag in der *Halbdistanz* liegen, in der wir uns dazu befinden. Was unsere Großeltern aus ihrer Kindheit noch lebhaft erinnerten, ist uns zwar historisch ferngerückt, aber nicht in jedem Fall gänzlich fremd geworden.[2]

---

[1] Zu diesem aktuellen Trend siehe die Ergebnisse der internationalen Expertenkonferenz *European Commemoration – Europäische Erinnerungskulturen*, die am 16./17. Dezember 2014 durch das *Institut für Auslandsbeziehungen* (ifa) gemeinsam mit den Professuren für Public History und für Zeitgeschichte der Universität Heidelberg in den Räumen des *Auswärtigen Amtes* in Berlin stattgefunden hat. [URL: http://erinnerungskulturen.ifa.de/] (letzter Zugriff 25.2.2015).

[2] Sonja Asal/Helwig Schmidt-Glintzer, *Zum Thema*, Zeitschrift für Ideengeschichte 8 (2014), Heft 3, S. 5 (Hervorhebung C. A.).

Zu den Gründen für diese Erinnerungsmächtigkeit des Ersten Weltkrieges zählt sicher auch, dass er uns bis heute in einer Reihe eindrücklicher visueller, zum Teil sogar audio-visueller Zeugnisse und damit Quellen gegenübertritt. Vor diesem Hintergrund gilt es nicht nur aus (geschichts-)wissenschaftlicher Sicht zu fragen: Wie gestaltet sich unsere heutige Erinnerung an den Ersten Weltkrieg? An welche Medienformate ist sie gebunden? Auf welche Ereignisse und Kontexte bezieht sie sich? Welche Medien umfasst sie? Diese Fragen sollen in den folgenden beiden Teilen des Beitrages zum einen hinsichtlich der Bedeutung der Fotografie für die Erinnerung an den Ersten Weltkrieg, zum anderen durch einen Einblick in die Welt *hinter* den Fotografien diskutiert werden.

Fotografien: „Geschichtszeichen" und/oder „Wirklichkeitsbilder"?

Unser Bildgedächtnis des Ersten Weltkrieges bezieht sich zum einen auf einen nicht geringen Bestand an filmischen Bildern. Im Mittelpunkt stehen hier allerdings weitaus weniger zeitgenössische Originalaufnahmen denn in der Folgezeit produzierte Spielfilme: Vor allem der auf der Romanvorlage von Erich Maria Remarque[3] basierende Spielfilm der US-amerikanischen Universal Studios *All Quiet on the Western Front* (USA 1930, Regie Lewis Milestone) steht wie kein zweiter für die Visualisierung des Schreckens der Schützengräben. Er wurde von der internationalen Filmkritik ob seines „Realismus" vielfach gelobt.[4] Handlung und Darstellung im Film sind fiktiv und somit quasi ‚aus zweiter Hand'. Das zeitgenössische Publikum versprach sich vom Kinobesuch, obwohl ‚nachholend', eine objek-

---

[3] Erich Maria Remarque, *Im Westen nichts Neues*, Berlin: Propyläen 1929 (Vorabdruck ab dem 10. November 1928 in der Berliner *Vossischen Zeitung*).

[4] Vgl. Christian Horn, *Goebbels & die weißen Mäuse: Im Westen nichts Neues in der Weimarer Republik*, in: Filmrezension.de. Online-Magazin für Filmkritik. [URL: http://filmrezension.de/dossier/horn_essays/Essay ChristianHornImWestennichtsNeues.pdf] (letzter Zugriff 25.2.2015).

tive, da audiovisuelle, Teilhabe am Kriegsgeschehen: „Die Kinoleinwand war in den Augen vieler Zeitgenossen nicht weniger als ein offenes Fenster zur Front."[5]

Unser Bildgedächtnis des Ersten Weltkrieges beruht zum anderen – und in einem weitaus höheren Maße als auf den bewegten Bildern des Films – auf dem Medium des Fotos bzw. der Technik der Fotografie. Zeitgenössische Fotografien vermitteln uns bis heute, in schwarz-weiß, aber mit der notwendigen Tiefenschärfe, die ungeheuren Schrecken wie auch die zermürbende Monotonie in den Stellungen an unterschiedlichsten Frontabschnitten der west-, ost- und auch der außereuropäischen Kriegsschauplätze. Sie zeigen uns ehemals blühende Landstriche, die zum Aufnahmezeitpunkt und in Folge gnadenlosen Artilleriebeschusses nur noch aus Ruinen und Trichterfeldern bestanden. Andere Fotos dokumentieren grausam verstümmelte Körperpartien, die oft nur noch entfernt an ein menschliches Wesen erinnern. Wieder andere zeigen uns erobertes Waffenmaterial, Truppenbesuche oder Aufnahmen ‚heroischen' militärischen Einsatzes.

Schon diese kurzen Andeutungen, die Wahl bestimmter Worte, sorgt dafür, dass wir diese mit bekannten Fotografien assoziieren, dass wir ähnliche oder vielleicht sogar identische Bilder vor Augen bzw. im Kopf haben. Als Angehörige einer gemeinsam geteilten visuellen Kultur sind viele Fotografien für uns anschlussfähig. Sie stellen in unserem Bildgedächtnis weder ‚Fremdkörper' noch Besonderheiten dar, sondern dürfen stattdessen als ‚typisch' gelten. Wir können sie im Sinne Helmut Lethens als „Geschichtszeichen" verstehen, als zeitgenössische Momentaufnahmen, denen es gelungen ist, sich in unserem Geschichtsbewusstsein langfristig festzusetzen.[6] Der Verweis auf die Zugehörigkeit zu geteilten visuellen Kulturen bzw. „Kultu-

---

[5] Bernd Kleinhans, *Der Erste Weltkrieg als Medienkrieg: Film und Propaganda zwischen 1914 und 1918*, in: Aus Politik und Zeitgeschichte, Bd. 16–17 (2014), S. 32–38, Zitat S. 33.
[6] Helmut Lethen, *Der Schatten des Fotografen. Bilder und ihre Wirklichkeit*, Berlin: Rowohlt 2014, S. 115.

ren des Auges"[7] soll uns dafür sensibilisieren, dass unsere Sinneswahrnehmungen gesellschaftlich beeinflusst sind, sich wandeln können und nicht zuletzt abhängig von den Medien sind, in denen sie erfolgen. Das von uns im Alltag Gesehene verarbeiten wir immer vor dem Hintergrund geteilter Verständnismuster und Erwartungshaltungen.[8]

Aber, so ist nicht nur vom Standpunkt der Fotogeschichte aus zu fragen, liefern uns Fotos auch so etwas wie „Wirklichkeitsbilder"?[9] Zeit- und fotohistorische Forschung nehmen deshalb gezielter als früher den Kontext von Entstehung und Veröffentlichung bzw. Verbreitung der Aufnahmen unter die Lupe. Fotos sollen auf diesem Weg jeweils in ihren zeitgenössischen sozialen und kulturellen Bezügen sichtbar gemacht werden.[10] Dass dieses Programm der Kontextualisierung aus geschichtswissenschaftlicher Sicht notwendig ist, gleichzeitig aber auch unsere Sehgewohnheiten auf eine Probe gestellt werden, soll im Folgenden an zwei prominenten Beispielen der Kriegsfotografie der Jahre 1914 bis 1918 ausführlicher erläutert werden.

Dem Schrecken ein Gesicht geben: „Schockbilder"

Untenstehendes Foto (Abb. 1) ist während des Ersten Weltkrieges selbst niemals veröffentlicht worden. Als ein so genanntes „Schockbild" unterlag es strenger Zensur und war von der öf-

---

[7] Marius Rimmele/Bernd Stiegler, *Visuelle Kulturen/Visual Culture zur Einführung*, Hamburg: Junius 2012, S. 11.

[8] Vgl. ebd.

[9] Vgl. Marc Hansen, *„Wirklichkeitsbilder". Der Erste Weltkrieg in der Farbfotografie*, in: Gerhard Paul (Hrsg.), Das Jahrhundert der Bilder. Bd. 1: 1900 bis 1949, Göttingen: Vandenhoeck & Ruprecht 2009, S. 188-195.

[10] Vgl. Malte Zierenberg/Annelie Ramsbrock/Annette Vowinckel, *Bildagenten und Bildformate. Ordnungen fotografischer Sichtbarkeit*, in: Dies. (Hrsg.), Fotografien im 20. Jahrhundert. Verbreitung und Vermittlung (Geschichte der Gegenwart 6), Göttingen: Wallstein 2013, S. 7-17, hier S. 8 f.

fentlichen Verbreitung ausgeschlossen.[11] Traurige Berühmtheit
erlangte es erst ein knappes Jahrzehnt später, als es im Bildband
Krieg dem Kriege des bekennenden Pazifisten und Kriegs-
dienstverweigerers Ernst Friedrich abgedruckt wurde. Es findet
sich dort im fünften Kapitel, das mit der programmatischen
Überschrift *Das Gesicht des Krieges* betitelt ist und 24 Nahauf-
nahmen zum Teil entsetzlicher Verstümmelungen zeigt. Friedrich hat das Foto zusätzlich viersprachig mit dem zynisch-ent-
larvenden (Zu-)Satz „Der Krieg bekommt mir wie eine Badekur" versehen.[12]

Das Bild gilt bis heute als ein nahezu paradigmatischer fotografischer „Beleg" für die Brutalität des hochtechnisierten Krieges.[13] Und dies, obwohl oder vielleicht gerade weil Schockbilder bzw. -fotos heute wohl eher den Normalfall denn eine Ausnahme in der Berichterstattung darstellen. Für die homogenen
Sehgewohnheiten einer Bevölkerung, die an eine Darstellung
heroischer deutscher Frontkämpfer gewöhnt war, wie sie z. B.
Franz Schauwecker oder Ernst Jünger in ihren mehrfach aufge-
legten Bildbänden *So war der Krieg* bzw. *Das Antlitz des Krieges* geliefert hatten,[14] kamen sie aber einem „radikalen Bruch

[11] Vgl. Oberzensurstelle des Kriegspresseamtes (Hrsg.), *Zensurbuch für die
deutsche Presse*, Berlin: Reichsdruckerei 1917, u. a. S. 60.
[12] Vgl. Friedrich, *Krieg*, S. 216. Zu Inhalt und Entstehungskontext des Buches vgl. Annelie Ramsbrock, *Verwundete Gesichter, verhindertes Sehen.
Medizinische Fotografien des Ersten Weltkrieges*, in: Dies./Annette Vo-
winckel/Malte Zierenberg (Hrsg.), Fotografien im 20. Jahrhundert. Verbreitung und Vermittlung (Geschichte der Gegenwart 6), Göttingen: Wallstein 2013, S. 175-201, hier S. 177-187; siehe auch Petra Maria Meyer,
Vom Bild zum Gegenbild. Einleitender Problemaufriss, in: Dies. (Hrsg.),
Gegenbilder. Zu abweichenden Strategien der Kriegsdarstellung, Mün-
chen/Paderborn: Fink 2009, S. 35-82, hier S. 59-62.
[13] Siehe u. a. Susan Sontag, *Das Leiden anderer betrachten*,
Frankfurt a. M.: Fischer, 3. Aufl. 2010, S. 21 ff.
[14] Franz Schauwecker, *So war der Krieg. 230 Kampfaufnahmen aus der
Front*, Berlin: Frundsberg 1927; Ernst Jünger, *Das Antlitz des Weltkrieges.
Fronterlebnisse deutscher Soldaten. Mit 200 photographischen Aufnahmen
auf Tafeln, Kartenanhang sowie einer chronologischen Kriegsgeschichte
in Tabellen*, Berlin: Neufeld & Henius 1930.

mit der staatlichen Bildpolitik der Kriegs- und Nachkriegsjahre"
gleich.[15]

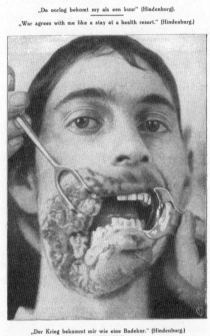

Abb. 1: N.N.: „Der Krieg bekommt mir wie eine Badekur." (Hindenburg),
abgedruckt in: Ernst Friedrich, *Krieg dem Kriege!* Berlin: Freie Jugend
1924, S. 216.

Mit Blick auf die angestrebte Kontextualisierung ist aber ein anderer Aspekt von Bedeutung: Die Fotografie ist ihres originären
Entstehungskontextes und damit auch ihres ursprünglichen
Sinnzusammenhanges beraubt worden: Wenn man sie aus ihrem
politisch-pazifistischen Kontext bei Friedrich wieder herauslöst,
wird sie zu etwas völlig anderem: Zu einer Fotografie, die im

[15] Ramsbrock, *Gesichter*, S. 178.

Verlauf einer medizinischen Dokumentation der sogenannten „Wiederherstellungschirurgie" aufgenommen worden war.

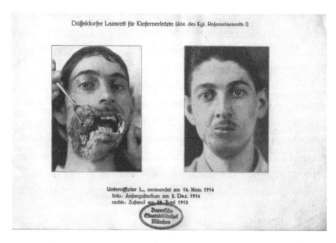

Abb. 2: N.N.: „Unteroffizier L.". abgedruckt in: *Bilder von der Arbeit des Düsseldorfer Lazaretts für Kieferverletzte (Abt. des Kgl. Reservelazaretts I)*, Düsseldorf ca. 1917, S. 5.

Das Foto (Abb. 2) war ursprünglich nicht dazu gedacht, die Grausamkeit des Krieges ‚an sich' zu zeigen – was es implizit natürlich trotzdem tut. Es sollte ganz einfach die Erfolge der plastischen Kriegschirurgie dokumentieren, in dem es das ‚davor' und das ‚danach' bei der Operation einer schweren Gesichtsverletzung vergleichend einander gegenüberstellte.[16] Es entstammt der nicht-offiziellen Sammlung *Bilder von der Arbeit des Düsseldorfer Lazaretts für Kieferverletzte* und zeigt die Gesichtsverletzung eines Unteroffiziers knapp drei Wochen nach seiner Verwundung, Anfang Dezember 1914 sowie Ende Juni des Jahres 1915 im ‚wiederhergestellten Zustand'.

[16] Vgl. Ramsbrock, *Gesichter*, S. 190 ff.

Zusammengesetzte Wahrheiten: „Kompositbilder"

Wie sehr sich die mediale Präsentationsform einer Fotografie nicht nur, wie gerade anhand eines veränderten Text-Bild-Verhältnisses gezeigt, auf ihre möglichen Lesarten auswirkt, kann auch an anderen Fotografien aus der Zeit des Ersten Weltkrieges leicht nachvollzogen werden.

Die folgende Fotografie (Abb. 3) verweist auf keine reale kriegerische Handlung, sie ist mit keinem ‚Ereignis' verbunden. Es handelt sich um das bekannte und wiederholt in Ausstellungen – zum Teil im übergroßen Format von 4,7 mal 6 Metern – gezeigte Kompositbild *The Raid* (Der Angriff) des australischen Kriegsfotografen Frank Hurley, der als Abenteurer und Polarforscher an Aufnahmen auch unter erschwerten Bedingungen gewöhnt war.[17]

Das Bild setzt sich aus nicht weniger als insgesamt zwölf einzelnen Negativen zusammen. Die Bestandteile der Gesamtdarstellung zeigen darüber hinaus auch keine ‚reale' militärische Handlung, sondern wurden im Herbst 1917 während einer Übung im flandrischen Hinterland aufgenommen: Weder dokumentieren die gestaffelten Schützengräben, die Artillerieeinschläge oder die ins Kampfgeschehen eingebundenen Doppeldecker ein authentisches Moment des Kampfes, noch verfügen sie über die für eine Fotografie notwendige Bedingung der Gleichzeitigkeit (zum Aufnahmezeitpunkt).

---

[17] Abweichende Titel auch *Going over the Top* oder *An Epsiode after the Battle of Zonnebeke*. Vgl. Dixon/Lee, *Diaries*, S. 104 f. Siehe auch Anton Holzer, *„Going Over the Top." Neue Perspektiven aus dem Schützengraben*, in: Gerhard Paul (Hrsg.), Das Jahrhundert der Bilder. Bd. 1: 1900 bis 1949, Göttingen: Vandenhoeck & Ruprecht 2009, S. 196-203; Bodo von Dewitz, *Zur Geschichte der Kriegsfotografie des Ersten Weltkrieges*, in: Rainer Rother (Hrsg.), Die letzten Tage der Menschheit. Bilder des Ersten Weltkrieges (Ausstellungskatalog DHM), Berlin: Ars Nicolai 1994, S. 163-176, hier S. 172.

Abb. 3: Frank Hurley: „The Raid", abgedruckt in: Robert Dixon/Christopher Lee (Hrsg.), *The Diaries of Frank Hurley, 1912-1941*, London: Anthem Press 2011, S. 124.

Es macht wenig Sinn, die Frage, ob es sich bei *The Raid* somit um ein rein fiktives Bild handelt, mit einem strikten ‚Ja' oder ‚Nein' beantworten zu wollen – auch wenn Kriegsfotografien wohl immer nur vor dem Hintergrund des Wunsches nach einem authentischen Bild, einem ungeschminkten Zugriff auf die Wirklichkeit, zu beurteilen sind. Schon im Grundprinzip der beiden Gründerväter der Fotographie, Louis Daguerre und William Talbot, finden wir Anfang der 1840er Jahre formuliert, dass in einer Fotographie nicht mehr als „die Spur des Lichts in Materie" dargestellt werden kann. Das auf dem Foto Abgebildete muss also stattgefunden haben, was aus dieser Erkenntnis folgt, bleibt grundsätzlich offen: Das ‚Es ist so gewesen', das einem jeden Fotos zwangsläufig innewohnt, führt uns zu dem Glauben an die Wahrheit seiner Inhalte. „Die Tatsache, *dass* et-

was stattgefunden haben muss, verführt zur Annahme, ein Foto
könne zeigen, *wie* es gewesen ist."[18]

Je unmittelbarer bzw. alltäglicher ein Geschehen auf uns
wirkt, desto schwerer ist es, den notwendigen Abstand für eine
kritische Reflexion und Interpretation zu wahren. Gerade Fotos
lassen uns sehr leicht bestimmte Aspekte ihrer „Gemacht- und
Gewordenheit" vergessen.[19] Bilder sind immer auch Resultate
von technisch-mechanischen Arbeitsvorgängen, die in einem bestimmten gesellschaftlichen Umfeld stattfinden. Wir sollten also
zu einer Art Umkehrung unseres Blickes kommen:

> weg von den Vorderseiten der Bilder, hin zu den Bearbeitungsver-
> merken auf ihren Rückseiten, zu ihren Herstellern, zu ihren Forma-
> ten, Rahmungen und Begleittexten.[20]

Die Welt hinter den Fotografien

Welche „zeithistorische visuelle Ordnung"[21] prägte nun als Rahmen die Fotografien vom und das Fotografieren im Ersten
Weltkrieg? Zumindest in groben Zügen zu klären sind in diesem
Zusammenhang die Frage nach den Akteuren („Wer fotografierte"?), nach den Motiven („Was wurde fotografiert bzw. welche Motive wurden festgehalten?) und nach den Produktionsbedingungen unter denen insgesamt fotografiert wurde. Im Mittelpunkt der Betrachtungen steht das Deutsche Kaiserreich, aber
auch im Vergleich mit Frankreich und Großbritannien gilt es zu
erläutern, welche Bilder des Krieges zwischen den Jahren 1914
und 1918 an die Öffentlichkeit gelangten, in welcher Form sie
abgedruckt wurden, was sie zeigten bzw. verbargen und wie sie

---

[18] Vgl. Ronald Berg, *Die Ikone des Realen. Zur Bestimmung der Fotographie im Werk von Talbot, Benjamin und Barthes*, München: Fink 2001,
S. 313 f., Zitat ebd. (Hervorhebung im Original).

[19] Vgl. Rimmele/Stiegler, *Kulturen*, S. 11 f., Zitat S. 12 (im Original kursiv).

[20] Zierenberg/Ramsbrock/Vowinckel, *Bildagenten*, S. 11.

[21] Ebd., S. 7.

die Perspektiven auf das Kriegsgeschehen in der Öffentlichkeit zu prägen in der Lage waren.[22]

Die Fotografen

Wer fotografierte während des Ersten Weltkriegs? Wenn wir uns mit der Fotografie ab dem Jahr 1914 beschäftigen, so sprechen wir von einem Massenphänomen. Fotografiert wurde in

> allen Bereichen der Heimat und der Front, vor allem aber in der Etappe [...]. Aus dokumentarischen Interessen, zur persönlichen Erinnerung, für die Kommunikation zwischen Heimat und Front [oder auch umgekehrt], für die Publikation und die Illustration, für militärische Zwecke oder [...] Ziele der Propaganda.[23]

Mit Blick auf die Akteure, die Fotografen, bietet es sich an, zwei Gruppen exemplarisch herauszugreifen: zum einen die kleine Gruppe der offiziellen Berufs- und Militärfotografen, zum anderen die große Zahl der Amateurfotografen unter den Armeeangehörigen.

Offizielle Berufs- und Militärfotografen

Die Riege der ‚offiziellen' bzw. professionellen Kriegsberichterstatter bildeten ab der Jahrhundertwende abenteuerlustige, global agierende Fotoreporter, vor allem aus dem angelsächsischen Raum.[24] Diese agierten im Ersten Weltkrieg nicht mehr, wie noch in anderen Konflikten zuvor, als neutrale eigen-

---

[22] Vgl. Anton Holzer, *Der Weltkrieg der Bilder*, in: Fotogeschichte 33 (2013), Heft 130, S. 3-4 (Editorial), hier S. 3.

[23] Von Dewitz, *Geschichte der Kriegsfotografie*, S. 163.

[24] Vgl. Almut Lindner-Wirsching, *Patrioten im Pool. Deutsche und französische Kriegsberichterstatter im Ersten Weltkrieg*, in: Ute Daniel (Hrsg.), *Augenzeugen. Kriegsberichterstattung vom 18. zum 21. Jahrhundert*, Göttingen: Vandenhoek & Ruprecht 2006, S. 113-140; siehe auch Christine Brocks, *Die bunte Welt des Krieges. Bildpostkarten aus dem Ersten Weltkrieg 1914–1918* (Frieden und Krieg. Beiträge zur Historischen Friedensforschung 10), Essen: Klartext 2008, S. 115-146; zuletzt Ulrich Keller, *Der Weltkrieg der Bilder. Organisation, Zensur und Ästhetik der Bildreportage 1914–1918*, in: Fotogeschichte 33 (2013), Heft 130, S. 5-50.

ständige Akteure: Sie standen offiziell unter der Obhut bzw. der Kontrolle ihrer jeweiligen Generalstäbe.

Das Deutsche Reich sandte im Jahr 1914 zuerst neunzehn Berufsfotografen in die Kampfhandlungen. Diese stammten zum größten Teil aus der Privatwirtschaft.[25] Zu ihnen zählte neben Robert Sennecke, Alfred Kühlewindt oder Erich Benninghoven auch Hans Hildenbrand, seines Zeichens Königlich Württembergischer Hof- und bekannter Reisefotograf. Die Zahl der Fotografen, die sich ohne offizielle Erlaubnis in Frontnähe bzw. in der Etappe aufhielten, lässt sich dagegen nicht ermitteln. In Großbritannien wurden bei Kriegsbeginn für alle Kriegsschauplätze zusammen insgesamt sechzehn offizielle Bildreporter – neben Engländern auch Kanadier und Australier wie Frank Hurley – benannt. In den Jahren 1914 bis 1918 produzierten diese ca. 40.000 Aufnahmen, von denen der größere Teil, etwa 28.000 Fotos, an der Westfront aufgenommen wurde.[26]

Die französische Armee verfügte mit der *Section Photographiques des Armeés* (S.P.A.) schon früh über einen eigenen Bilderdienst, dessen Fotografen und Kameramänner zudem den Status von Kombattanden innehatten. Zu den bis heute bekannten Fotografen gehörten Jean Baptiste Tournassout und Jules Gervais-Courtellemont. Ab dem Frühjahr 1917 sollte sich durch die Gründung der BUFA, des *Bild und Filmamtes*, als zentraler Organisation der Kriegsfotografie auch im Deutschen Reich die Situation „professionalisieren". Ab April waren hier nun bis zu sieben armeeeigene Bild- und Filmtrupps mit jeweils einem eigenen Fotografen unterwegs. In den 18 Monaten ihres Bestehens produzierte die BUFA ca. 12.000 Aufnahmen.[27]

Insgesamt waren die Fotoberichterstatter angesichts der Komplexität der modernen Kriegshandlungen und der geogra-

[25] Vgl. von Dewitz, *Geschichte der Kriegsfotografie*, S. 167.

[26] Vgl. Jane Carmichael, *Die Entwicklung der britischen Fotografie während des Ersten Weltkrieges*, in: Rainer Rother (Hrsg.), *Die letzten Tage der Menschheit. Bilder des Ersten Weltkrieges* (Ausstellungskatalog DHM), Berlin: Ars Nicolai 1994, S. 177-186, hier S. 185.

[27] Vgl. Keller, *Weltkrieg*, S. 31-34.

fischen Ausdehnung der Kriegsschauplätze aber außerstande, die zumindest von der Öffentlichkeit erwartete gesamte Kriegswirklichkeit abzubilden.[28] In der Regel wurde vor und vor allem nach, *nicht* während der Kampfhandlungen fotografiert.[29] Das Fotografieren hielt die einfachen Soldaten vom Schießen ab, aber auch die Technik der professionellen Akteure ‚kapitulierte' nicht selten vor den ‚realen' Kampfbedingungen. Und auch der Akt des Fotografierens wurde zu einem militärischen Beitrag stilisiert und als solcher wiederum fotografiert: So gibt es eine Reihe an Bildern, die Kriegsfotografen bei ihrer beinahe künstlerisch anmutenden Tätigkeit – weit weg vom Kampfgeschehen – zeigen. Gleichermaßen ‚gestellt' sind aber auch die Aufnahmen von Militärfotografen im Schützengraben, die die Gefahr des Einsatzes und den Mut der Beteiligten zeigen sollten. Ihre Künstlichkeit ergibt sich nicht allein aus dem Umstand, dass die Situation zumeist ganz offiziell aufgenommen wurde – oft aus einer Kameraperspektive heraus, die nicht auf eine reale Kampfszene verweist. Den beiden Arten der Darstellung von Kriegsfotografen gemein ist aber, dass sie das Aufnehmen der Fotos und die folgenden Arbeitsschritte bis hin zur Veröffentlichung der Bilder quasi abtrennen und sich allein auf die Person des Fotografen konzentrieren.

Amateurfotografen in den Schützengräben

Private Aufnahmen zielten auf visuelle Erinnerungen an den ‚eigenen' Krieg und wurden somit für die Nachkriegszeit hergestellt. Das Bedürfnis, den Krieg zu fotografieren entwickelte sich aber erst allmählich im Verlauf der ersten beiden Kriegsjahre. Es korrespondierte mit der zunehmenden Erkenntnis, dass es sich nicht, wie erwartet, um einen raschen Sieg handelte, sondern nicht absehbar war, wie lange der Krieg insgesamt dauern

[28] Der Kulturhistoriker Bernd Hüppauf hat diese Entwicklung als „Krise der Repräsentation" bezeichnet. Vgl. Bernd Hüppauf, *Experiences of Modern Warfare and the Crisis of Representation*, in: New German Critique 21 (1993), Bd. 59, S. 41-76, hier S. 45, 49.
[29] Vgl. von Dewitz, *Geschichte der Kriegsfotografie*, S. 165 f.

würde. Aber auch während des Krieges dienten die Fotografien
schon als wichtige Verbindungsbrücke zwischen Front und Heimat. Gerade Amateuraufnahmen galten als besonders authenti-
sche Dokumente für das Leben an und hinter der Front. Die
Zeitgenossen schrieben den „Schützengraben-Fotografen" eine
im Vergleich zu den offiziellen staatlichen Bildberichterstattern
und Berufsfotografen unabhängige und damit objektive Perspektive zu:

> Der eigentliche Schützengraben-Photograph ist ein richtiger Front-
> soldat, meistens sogar ohne Gefreitenknopf oder Unteroffiziers-
> tresse. Er verrichtet seinen Dienst im Graben genau wie seine nicht
> knipsenden Kameraden; er macht jeden Arbeitsdienst mit, wenn die
> Kompagnie – wie es so treffend heißt – in ‚Ruhe' kommt. Kurz: Er
> ist ein Doppelmensch, der bei allem Dienst noch von seinen
> Kameraden in jeder denkbaren Stellung Aufnahmen macht.[30]

Die Fotografen in Uniform sollten somit nicht weniger als Be-
weismittel schaffen, visuelle Zeugnisse, denen eine größere
Wirkung zugeschrieben wurde als Worten oder kurz: „stumme
Zeugen, die noch reden, wo der Mund schweigt."[31] Ihr Auftrag
war also der, Wirklichkeitsbilder zu liefern. Die zugeschriebene
bzw. die gewünschte Objektivität spiegelte sich allerdings schon
nicht in der Motivauswahl der Fotos wider: Hier dominierten
individuelle Sichtweisen, die sich im Nachhinein oft nur in enger Verknüpfung mit der Person des jeweiligen Fotografen
erschließen. Gerade die Amateurfotos verfügen somit über einen
zutiefst subjektiven Charakter. Fotografien aus den Einsatz-
gebieten der Truppen, gleich ob durch Amateurfotografen oder
offizielle Berichterstatter produziert, setzten sich aber auch von
den in Ateliers der Heimatfront ‚professionell' produzierten
fotografischen Bildpostkarten ab: Diese zeigten zumeist Solda-

---

[30] Curt Elkeles, *Der Schützengraben-Photograph*, in: *Photographische
Chronik und Allgemeine Photographen-Zeitung* 23 (1916), Nr. 35/36,
S. 139-140, Zitat S. 139.
[31] Adolf Eyermann, *Die Lichtbildkunst im Krieg*, in: *Photographische
Rundschau und Mitteilungen* 52 (1915), S. 190-191, Zitat S. 191.

tenportraits, aber auch Liebespostkarten oder inszenierte patriotische Lieder und Gedichte.[32]

Die Motivik

Was wurde fotografiert bzw. welche Motive wurden festgehalten? Während in der Heimat die Fotos von einem Alltag erzählen, den der Krieg mehr und mehr zerstörte, ist der Alltag an der Front und in der Etappe immer schon ‚Krieg'. Welcher Aussagegehalt kommt nun den vielen auf den ersten Blick ‚harmlosen' Fotomotiven hinsichtlich der massiven Erfahrung von Krieg und Gewalt zu? Oder lässt „sich der Zusammenhang von Fotografie und Gewalt allein über das Bildmotiv erschließen?"[33] Die Fragen verweisen darauf, dass erst das Kontextwissen – sei es als Bildunterschrift, sei es als zusätzliche Information – auch den in einem Foto nicht fixierten Akt tödlicher Gewalt sichtbar machen kann. Die Bilder des Ersten Weltkrieges, die keine Gewaltakte an sich zeigen, und dies dürfte die Mehrzahl sein, stehen somit gleichwohl in einem – wenn auch erweiterten – Gewaltzusammenhang.

Die konkrete Motivik der Fotografien lässt sich in nur einige wenige große Bereiche unterteilen: Das „Bild des Soldaten", die „Bilderwelt der Front" und die „Auswirkungen des Krieges".[34] Bei der Auswahl der Motive dominieren Personendarstellungen, die die Kameraden im Kriegseinsatz einzeln oder in der Gruppe zeigen. Die Fotografen schließen damit an die Gewohnheiten der Fotografie vor dem Krieg an. Sie zeigen vor allem Soldatenalltag und Freizeit an der Front bzw. im Schützengraben, Verpflegung und Feldküche, erbeutete Waffen und Blindgänger, die Rast im Schützengraben mit einer entsprechenden soldatischen

[32] Vgl. Brocks, *Welt des Krieges*, S. 54-88.
[33] Cornelia Brink/Jonas Wegerer, *Wie kommt die Gewalt ins Bild? Über den Zusammenhang von Gewalt, fotografischer Aufnahme und Bildwirkungen*, in: Fotogeschichte 32 (2012), Heft 125, S. 5-14, Zitat S. 5.
[34] Vgl. von Dewitz, *Geschichte der Kriegsfotografie*, S. 170-175. Siehe auch ders., *„So wird bei uns der Krieg geführt!" Amateurfotografie im Ersten Weltkrieg* (Reihe Kunstgeschichte 32), München: tuduv 1989.

Pausen-Routine oder auch die Gesundheitspflege.[35] Neben
diesen immer wiederkehrenden Motiven gab es auch typische
Publikationsorte für die Bilder, die den soldatischen Alltag zeigen und in die Heimat transportieren sollten: Sie wurden häufig
in illustrierten Zeitungen abgedruckt oder als Feldpostkarten in
Umlauf gebracht.

Hinzu trat, wie auch beim bürgerlichen Reisen, ein touristi-
scher Blick, der versuchte, fremde Landschaften, Dörfer und
Städte sowie Menschen und Sehenswürdigkeiten einzufangen.
Dabei wurde in nicht wenigen Fällen, sei es durch die Position
des Fotografen oder auch die Körperhaltung der Fotografierten,
die Dominanzwirkung der Soldaten bzw. ihr Überlegenheits-
gefühl widergespiegelt. Vor allem an der Ostfront trat zu diesem
touristischen noch ein kolonialer Blick hinzu, der ersteren um
eine anfangs noch neugierig ethnografische Variante erweiterte.
Auf dem östlichen Kriegsschauplatz entstanden aber auch viele
„andere Bilder des Krieges", die, heute zumeist ‚vergessen', den
„unbekannte(n) Krieg gegen die Zivilbevölkerung" im Osten
und Südosten Europas dokumentieren.[36] Sie zeigen vielfach und
deutlich den Aspekt des „Ausgeliefertseins" der Aufgenom-
menen. Der koloniale Blick traf beispielsweise aber auch die
dunkelhäutigen Soldaten der französischen Armee.

Die Motive sind insgesamt sehr ähnlich, das heißt, zentrale
Stationen der Erinnerung an den Krieg bzw. das Kriegsgeschehen finden sich in spezifischen, beinahe überall gleichen For-
meln wieder. Zugespitzt: „Allen Bildern der Front ist gemein,
dass man auf ihnen [eigentlich – C.A.] nichts sieht."[37] Denn
auch die Bildberichterstattung der Amateure lieferte – freiwillig
oder unfreiwillig – kein authentisches, sondern das „von der

[35] Vgl. für die Amateurfotografen wie die offiziellen Berichterstatter
Brocks, *Welt des Krieges*, S. 88-147.

[36] Anton Holzer, *Das Lächeln der Henker. Der unbekannte Krieg gegen
die Zivilbevölkerung 1914-1918*, Darmstadt: Primus 2008, S. 9; siehe auch
ders., *Die andere Front. Fotografie und Propaganda im Ersten Weltkrieg*,
Darmstadt: Primus 2007.

[37] Hansen, *Wirklichkeitsbilder*, S. 194.

Militärführung erwünschte Bild eines wohlgeordneten und durchorganisierten Krieges mit gut versorgten Soldaten"[38] – aus einer stationären Kameraposition heraus, mit gewisser Distanz, zumeist in der Totalen oder Halbtotalen. Statt grausamer Schlachten betonten die Fotografien vor allem zivile Aspekte. Das Zeigen toter oder verstümmelter menschlicher Körper stellte einen Bruch mit den zeitgenössischen Genrekonventionen dar und lässt sich deshalb nur selten als Motiv finden. Hier unterlag selbst die Kriegsfotografie – wenn auch mit Ausnahmen – den Grenzen des gesellschaftlich Zeigbaren. Die direkten Kampfhandlungen spiegeln sich eher in den Fotografien wider, die Städte, Ortschaften oder offene Frontabschnitte vor und nach der Beschießung durch die eigene Artillerie zeigen: Der Tod muss in den Trümmerwüsten somit quasi mitgedacht werden.

Produktionsbedingungen

Abschließend rücken die Produktionsbedingungen, unter denen fotografiert wurde, in den Blick: Auf technischer Seite trug insbesondere die Erfindung der Rollfilmkamera anstelle der ‚alten' und vollkommen unhandlichen Plattenkamera mit dazu bei, dass die Fotografie ab 1914 zu einem Massenphänomen werden konnte. Aber nicht nur die Geräte, auch das Material der Filme machte ständig Fortschritte: Unser Bildgedächtnis bezüglich des Ersten Weltkrieges ist schwarz-weiß und bezieht sich darüber hinaus allenfalls auf gedämpfte Sepiatöne. Dabei wurde im Ersten Weltkrieg bereits in Farbe fotografiert. Diese Farbaufnahmen vermitteln uns in den Worten des schottischen Militärhistorikers Hew Strachan „ein anderes Bild vom Krieg, in dem der Himmel blau, die Wiesen grün und die Uniformen weniger grau"[39] sind. Bezüglich ihrer Motive und ihrer Komposition unterscheiden sie sich aber nicht von den Schwarzweiß-Fotografien. Farbfotos – bereits seit 1907 war das Autochrom-Ver-

---

[38] Vgl. Kleinhans, *Weltkrieg als Medienkrieg*, Zitat S. 35.
[39] Hew Strachan, *Der Erste Weltkrieg. Eine neue illustrierte Geschichte*, München: Pantheon, 2. Aufl. 2006, S. 160/61 (Fotoblock); Peter Walther (Hrsg.) *Der Erste Weltkrieg in Farbe*, Köln: Taschen 2014.

fahren der Gebrüder Auguste und Louis Lumière einsatzreif –
wurde von den Zeitgenossen ein höheres Niveau an Authen-
tizität zugesprochen. Sie lösen heute beim Betrachten aber eher
eine Irritation der Fremdheit aus, sie passen nicht in unsere fest
gefügten Sehkonventionen.[40] Das Autochrom-Verfahren erforderte vergleichsweise lange Belichtungszeiten und eignete sich
deshalb in der Hauptsache für Berufsfotografen und Motive in
Frontnähe oder aus der Etappe. Eine Veröffentlichung in der
Tagespresse war ebenfalls technisch bedingt ausgeschlossen;
Farbfotos wurden daher entweder wie in Frankreich in eigenen
Fotoausstellungen gezeigt oder aber, wie im Deutschen Reich,
als stilisierte Bildpostkarten vertrieben.

So blieb die Sicht auf das Kriegsgeschehen für die Zeitgenossen durch die Schwarzweiß-Fotografie bestimmt. Von
großer Bedeutung bei der Verbreitung ihrer Arbeiten war für die
Fotografen der Zeitungsmarkt. Wo konnte ihr Fotomaterial,
wenn überhaupt, veröffentlicht werden? Allein die Bildpresse
schien in der Lage zu sein, alle sozialen Schichten anzusprechen
– vor allem auch diejenigen, die schriftlich unerreichbar waren.
Nach Einführung des Autotypie-Verfahrens und des Rotations-
druckes ab der Jahrhundertwende boten vor allem die in hohen
Auflagen erscheinenden Illustrierten Möglichkeiten, Fotografien
– wenn auch in zumeist minderer Qualität – zu veröffentlichen.
Sie waren sowohl in Deutschland wie auch in Frankreich und
Großbritannien das Medium mit der größten Breitenwirkung bei
der Berichterstattung über den Ersten Weltkrieg.

Während die in der Nach- bzw. Zwischenkriegszeit produzierten Bildbände den historischen Ablauf des Krieges als
bekannt voraussetzen konnten und auf ‚Erinnerung‘ abzielten,
lässt sich an den zeitgenössischen Fotoreportagen sowohl nach-
vollziehen, wie die Berichterstattung – von staatlicher Seite aus

---

[40] Die Farbigkeit rückt die Fotos eher in die Sphäre der bildenden Kunst
und lässt das blutige Geschehen des Krieges als eine moderne Form der
Kriegskunst erscheinen. Vgl. *Frankfurter Allgemeine Sonntagszeitung*
13.7.2014, S. 52-53 (Wissenschaft): *Eine sterbende Zeit trägt Grau* [Dieter
Bartezko] und *In Flanderns Farben* [Tilman Spreckelsen].

– angeregt, beeinflusst und kontrolliert wurde, als auch wie die gegnerischen Parteien jeweils im Rahmen ihrer eigenen Berichterstattung reagierten. Die nationalen Medienkulturen waren dabei durchaus in der Lage, gegensätzliche Kriegsmentalitäten hervorzubringen, in neutralen Staaten eine unterschiedliche Resonanz auszulösen und am Ende den Kriegsverlauf mitzubestimmen. Die Bildreportagen und Foto-Essays des Ersten Weltkrieges verfügten über einen nicht unwesentlichen „internationalen Dialog- und Konkurrenzaspekt"[41]. Vor allem die Titelbilder nahmen hierbei eine Sonderstellung ein und unterlagen eigenen Regeln: Als Formen ikonisch intensivierter Bildpraxis wurden sie zum Ort symbolisch aufgeladener ideologischer Bildbotschaften.

Und trotzdem: Keine oder nur sehr, sehr wenige Ikonen unseres Bildgedächtnisses des 20. Jahrhunderts beziehen sich direkt auf das Kriegsgeschehen des Ersten Weltkrieges. Die Geschichtswissenschaft hat bei ihren Untersuchungen zu berücksichtigen, dass viele der Fotografien, die uns heute zur Rekonstruktion der damaligen Kriegswirklichkeit dienen, weder öffentlich bekannt noch wirksam waren. Dieser Befund gilt für militärische Aufklärungsfotos, medizinische Bildbefunde und Schnappschüsse von Fotoamateuren gleichermaßen. Die in den bekannten Anti-Kriegsfotosammlungen der 1920er und 1930er Jahre abgedruckten „Schockbilder", waren ebenfalls erst nach dem Krieg verfügbar. So rücken auch für die historische Forschung die Fotos in den Vordergrund, die während der Jahre 1914 bis 1918 überhaupt veröffentlicht wurden, das Kriegsgeschehen begleiteten oder in dieses eingriffen. Der Fotohistoriker Ulrich Keller hat die Bildessays in den Illustrierten unlängst als ein „Instrument der Gestaltung von Geschichte" bezeichnet.[42] Um die Bilder richtig „zu lesen", muss man sich die redaktionellen Routinen sowie die technischen Zwänge des Bildjournalismus der Kriegsjahre vor Augen halten. Diese stimmen mit den heutigen Erwartungen an Ästhetik und Konfi

---

[41] Keller, *Weltkrieg*, S. 5 (Zitat im Original kursiv).
[42] Ebd., S. 6 (Zitat im Original kursiv).

guration kaum überein. Bekannte Persönlichkeiten wurden
statisch oder bei ihren zeremoniellen Pflichten wie dem Trup-
penbesuch dargestellt.

Zu den Produktionsbedingungen der Kriegsfotografie zählen
aber auch die jeweiligen nationalen Varianten medialer Vermittlung und Öffentlichkeitsstiftung. Nicht nur musste das Bildan-
gebot in die narrativen Leitlinien der jeweiligen Illustrierten ein-
gebettet werden. Auch den übergeordneten Strategien des nationalen Kriegsjournalismus galt es bei der emotionalen Ein-
bindung Achtung zu schenken:

> Während also die französische Presse alles tat, um Verdun zum
> nationalen Kreuzzug zu erheben, bewirkte die Radikalzensur auf
> deutscher Seite genau das Gegenteil mit der Unterdrückung aller
> jener Details, die die nationale Imagination hätten nähren können.
> In Deutschland konnte Verdun daher erst mit großer Verspätung
> zum Mythos frisiert werden.[43]

Die französische Propaganda agierte eher offensiv und produk-
tiv. Der Feind stand im eigenen Land und es galt die Bevölkerung auf das Vaterland einzuschwören. Die deutsche Propa-
gandatätigkeit war dagegen defensiv und restriktiv ausgerichtet,
da Deutschland als Besatzungsmacht im Westen wie im Osten
Europas ,agierte'. England und Frankreich waren aus jeweils
unterschiedlichen Gründen an der Herstellung einer partizi-
pierenden Öffentlichkeit interessiert, im Deutschen Reich dominierte dagegen eine Bildauswahl mit Tendenz zur Verharm-
losung, es fehlte eine „eigene, konstruktive Bildpolitik".[44] Trotz
unterschiedlicher Konzeptionen, die der staatlichen Propaganda
zugrunde lagen, war die Bevölkerung in allen Staaten aber
allenfalls unzureichend über den Verlauf des Krieges informiert.
Die Zensur erfolgte in den einzelnen Ländern auf vergleichbarer
Grundlage: Siege galt es lautstark zu feiern, Niederlagen unter
den Tisch zu kehren; nicht veröffentlicht werden durften Informationen zum militärischen Vorgehen wie auch all die Dinge,

---

[43] Keller, *Verdun*, S. 52.
[44] Vgl. Keller, *Weltkrieg*, S. 39 ff., Zitat S. 41.

von dem man annahm, sie würden die Moral an der sogenannten „Heimatfront" untergraben.[45]

Fotografie, Zeitgeschichtsschreibung und Erinnerung

Extreme Gewalterfahrungen gelten mit einigem Recht als ‚unbeschreiblich'. Und dennoch berichten sowohl Betroffene als auch Beobachter immer wieder von ihnen. Wie, und zu welchem Preis, sind Texte, Bilder oder Filme in der Lage, die vielfältigen Erfahrungen des Kriegs zu vermitteln? Und wie können aus diesen emotionalen und zumeist wenig kohärenten Einzeleindrücken am Ende wissenschaftliche „Erzählungen" entstehen?

Hinter jeder Form von nachträglicher „Berichterstattung" steht ein „Making of", von dem wir bei der Betrachtung in der Regel nichts oder nur sehr wenig erfahren. Es war vor diesem Hintergrund das Ziel des Beitrages, einen kurzen Überblick über die kulturellen und praktisch-technischen Rahmenbedingungen sowie über die Produktions- und die Distributionskontexte von Fotografien im Ersten Weltkrieg zu geben, kurz: es ging um die vielfältigen Beziehungsgeflechte, die hinter Fotografien stehen.

Der Erste Weltkrieg ist zwar der erste Krieg, der vor allem in Bildern erinnert wird. Die Konturen seiner Überlieferung entstanden aber nicht, wie landläufig angenommen, zwischen 1914 und 1918, „sondern gehen im Wesentlichen auf die Erinnerungspolitik der 1920er und 1930er Jahre zurück."[46] Die sogenannte „zweite Zensur"[47] der Nach- bzw. Zwischenkriegszeit reduzierte noch einmal die Zahl der veröffentlichten Fotografien, sie spitzte den Krieg auf den Schauplatz *Westfront* zu und sie löste die Fotos oft aus ihrem ursprünglichen Kontext heraus – zumeist durch Verzicht auf ‚erklärende' Orts- und Zeitangaben. Zudem rückte sie den heroischen deutschen Frontkämpfer in den Blick, nicht die Opfer, nicht die Zivilisten oder

---

[45] Von Dewitz, *Geschichte der Kriegsfotografie*, S. 164.

[46] Anton Holzer, *Den Krieg sehen. Zur Bildgeschichtsschreibung des Ersten Weltkriegs*, in: Ders. (Hrsg.), Mit der Kamera bewaffnet. Krieg und Fotografie, Marburg: Jonas 2003, S. 57-70, S. 60.

[47] Ebd., S. 66.

Deportierten. Die zeitgenössischen Aufnahmen des Krieges wurden rasch zu einer wirkmächtigen visuellen Matrix. Eine Bild-Sprache, die teilweise bis heute geläufig ist.

Fotografien aus dem Ersten Weltkrieg sind zu einem hohen Grade artifiziell, sie „lügen nicht, sie geben nicht wirklich Falsches wieder, sie inszenieren lediglich die Konstruktion von Wirklichkeiten"[48]. Fotografien lassen uns mit ihren ins Auge fallenden Sachverhalten allein und teilen uns ihr auf den ersten Blick unsichtbares Hintergrundwissen nicht mit. Als Geschichtszeichen ist ihnen eigen, dass sie bei unterschiedlichen Anlässen immer wieder von den Betrachtern mit neuer Präsenz aufgeladen werden können und genau an dieser „empfundene(n) Präsenz entzündet sich [unser – C.A.] Nachdenken".[49]

Für eine adäquate Erinnerung an den Ersten Weltkrieg ist es deshalb notwendig, den Blick auf Ursachen, Ereignisse und Entwicklungen im Krieg wieder zu weiten und sich von der visuell-historiografischen Erbschaft der Zwischenkriegszeit, den „visuellen Stellungnahmen" im Rahmen der „gesellschaftspolitischen Auseinandersetzung"[50] zu lösen: So gilt es abschließend noch einmal die Mehrdeutigkeit von Fotos ins Gedächtnis zu rufen: Fotografien erzählen niemals nur eine einzige Geschichte, stattdessen bündeln sie einzelne, unterschiedliche Erzählungen: „So wenig sie damals ein Fenster zur Front waren, so wenig sind sie uns heute ein Fenster in die Vergangenheit."[51]

---

[48] Brocks, *Welt des Krieges*, S. 146.
[49] Vgl. Lethen, *Schatten*, S. 126 f., Zitat S. 18.
[50] Holzer, *Krieg*, S. 61.
[51] Kleinhans, *Weltkrieg als Medienkrieg*, S. 38.

GUDRUN KAMMASCH

Fritz Haber und Clara Immerwahr – wem dient die Wissenschaft?

That since wars begin in the minds of men, it is in the minds of men that
the defences of peace must be constructed
Präambel der Verfassung der UNESCO, 1945

Zwei Jahre nach Beendigung des Ersten Weltkrieges, im Jahr
1920, erhielt Fritz Haber den Nobelpreis für Chemie[1] – in Anerkennung seiner *„großen Verdienste bei der Lösung des Prob-
lems der direkten Verbindung des atmosphärischen Stickstoffs
mit Wasserstoff"* und dessen industrieller Umsetzung, mit der er
ein Mittel schuf, *„den Standard der Landwirtschaft und den
Wohlstand der Menschheit zu verbessern"* – so der Präsident der
Schwedischen Königlichen Akademie der Wissenschaften, A.
G. Ekstrand, bei der Preisverleihung. Zwei Jahre zuvor galt Haber als Kriegsverbrecher, seiner führenden Rolle wegen in dem
maßgeblich von ihm propagierten, technisch und militärisch
entwickelten Gaskrieg. Die Preisverleihung in Stockholm war
von internationalen Protesten begleitet.

Zu diesem Zeitpunkt lebte Clara Immerwahr nicht mehr. 14
Ehejahre hatte sie, selbst promovierte Chemikerin, Fritz Haber
begleitet. Mit zwei Schüssen aus der Dienstpistole ihres Mannes
setzte sie in der Nacht vom 1. auf den 2. Mai 1915 im Garten
der Dienstvilla in Berlin-Dahlem ihrem Leben ein Ende. In dieser Nacht hatte Fritz Haber seine lang ersehnte Beförderung
zum Hauptmann gefeiert; die Anerkennung für den ersten und

---

[1] Nachträglich für das Jahr 1918.

erfolgreichen „Blasangriff" mit Chlorgas an der Westfront bei Ypern in Belgien am 22. April.

In paradigmatischer Weise brechen sich im Leben von Fritz Haber und Clara Immerwahr tiefgreifende Widersprüche ihrer Zeit. Jeder für sich eine Herausforderung, dessen Bewältigung eine anspruchsvolle Lebensaufgabe darstellt:

– Da ist die große Begeisterung im 19. Jh. angesichts der emanzipatorischen Rolle der Naturwissenschaften und ihrer Bedeutung für den menschlichen Fortschritt, die im Widerspruch steht zu den dunklen Ahnungen angesichts der Bedrohung, wenn die erst einmal entfesselten Kräfte im Dienst von Krieg, Zerstörung und Vernichtung stehen[2].

– Da ist das Streben nach kultureller Assimilation und gesellschaftlicher Anerkennung im Konflikt mit der Bewahrung jüdischer Identität – beide, Fritz Haber und Clara Immerwahr, stammten aus aufgeklärtem jüdischem Elternhaus.

– Und da ist im Aufbruch des 20. Jahrhunderts der Wunsch ein gemeinsames Leben zu gestalten, das Mann und Frau sowohl in Wissenschaft als auch im familiären Bereich Erfüllung gibt.

Vergessen wir nicht den zeitlichen Rahmen: Es war erst 1869, dass Dmitri Mendelejew und Lothar Mayer die Fülle der Stoffe, auf dieselben Elemente zurückgeführt, im Periodischen System der Elemente anordneten. Fritz Haber wurde ein Jahr davor geboren, Clara Immerwahr ein Jahr danach. Ein ungeheurer, beeindruckender Wissenszuwachs und technologischer Fortschritt hatte sich allein im Leben dieser beiden Menschen ergeben. Und der politische Rahmen? 1871 erfolgte die Proklamation Wilhelms I. zum deutschen Kaiser in Versailles. Das wilhelminische Deutschland als aufkommende Großmacht in der Mitte Europas mit seinen problematischen Bündnisverpflichtungen und der großen Bedeutung des Militärs, auch im

---

[2] Als Janusgesicht der Technik oder heute als „dual use" charakterisiert.

Alltag und bei der Typisierung von Männlichkeit, sollte tief in das Leben beider Menschen eingreifen und es bestimmen.

Wer waren nun diese beiden Persönlichkeiten, wo waren sie verwurzelt? Welche Weichen wurden in ihrem Leben gestellt, und wie haben sie ihren Lebensentwurf gestaltet, wie lassen sich ihre Handlungen und Entscheidungen heute beurteilen? Was können wir für unsere Welt und unsere heutigen Probleme aus ihrer Geschichte lernen?

Biographien

Fritz Haber und Clara Immerwahr wachsen beide in begüterten Verhältnissen in Niederschlesien auf, in aufgeschlossenen jüdischen Familien, die aktiv am politischen Leben teilnehmen und sich als Deutsche wahrnehmen. Mit dem 3. Juli 1869 war die politische Gleichstellung jüdischer Familien im Norddeutschen Bund vollzogen worden. Den Schritt zur vollständigen Assimilation, den Übertritt zum christlichen Glauben, hatten beide Väter jedoch nicht vollzogen. Breslau war geprägt von einem weltoffenen, liberalen Klima und hierin Berlin in vielem voraus.

Fritz Haber

Am 9. Dezember 1868 kommt Fritz Haber zur Welt, die Mutter stirbt kurz nach der Geburt. Erst 8 Jahre später heiratet der Vater erneut, drei Töchter stammen aus dieser Ehe. Der Vater, Kaufmann mit Farben (damals noch weitgehend Naturfarben wie Krapp oder Indigo), Lacken und Drogen, ist im Umgang emotional zurückhaltend, von spartanischer Strenge, sein ganzes Augenmerk ist auf den Aufbau des Geschäftes konzentriert, was er ohne Schulden aufzunehmen, mit äußerster Sparsamkeit und Umsichtigkeit, aus eigenen Mitteln erreicht. Er nimmt aktiv am kommunalen Leben Breslaus teil, jedoch nicht in der jüdischen Gemeinde – er ist Mitglied der „Gesellschaft der Brüder", die sich für die Verbreitung der aufgeklärten Philosophie von Moses Mendelssohn engagieren. Es ist naheliegend, in dem Mangel an emotionaler Einbettung des heranwachsenden Jungen und dem schon frühen spannungsreichen Verhältnis von Vater und

Sohn eine Ursache zu suchen für die auffallende Rastlosigkeit,
ja Getriebenheit Fritz Habers und auch des Mangels, auf seine
nächsten Mitmenschen einzugehen, die seinen späteren Le-
bensweg charakterisieren sollen.

In der Hoffnung eines späteren Einstiges in das väterliche
Unternehmen unterstützt der Vater seinen Sohn beim Chemie-
studium, das dieser an den Universitäten Berlin, Heidelberg und
auch an der Technischen Hochschule Charlottenburg absolviert
und 1891mit einer Arbeit über Indigofarbstoffe an der Friedrich-
Wilhelm-Universität in Berlin abschließt. Ein einschneidendes
Erlebnis in dieser Zeit wird für Fritz Haber, dass ihm 1889 die
Beförderung zum Reserveoffizier nach dem „Einjährigen"
(Wehrdienst) verwehrt wird – wegen seiner jüdischen Herkunft:
Er empfindet dies als eine herbe Zurücksetzung und Kränkung
in seinem Streben nach Assimilation angesichts der bedeutenden
Rolle des Militärs im gesellschaftlichen Leben.

Es folgen Monate der beruflichen Orientierung, auch im vä-
terlichen Geschäft, wo es zu einem Zerwürfnis mit dem Vater
kommt. Fritz Haber kehrt sich von ihm ab. Möglicherweise
dadurch bestärkt, konvertiert er 1892 zum christlichen Glauben.
Der Vater ist von diesem Schritt sehr getroffen. Margit Szöllösi-
Janze sieht Habers Assimilationsbereitschaft als Ausdruck einer
bewussten Auseinandersetzung mit dem aufkommenden Antisemitismus. Sie greift dazu ein Gespräch mit seinem Arzt und
Freund, Rudolf Stern, am Jahreswechsel 1926/27 auf. Seine Generation, so Fritz Haber, habe unter dem Eindruck der Reichsgründung hundertprozentig deutsch gefühlt und unter dem Eindruck der rationalen Philosophie und der Naturwissenschaften
keinerlei Bindung an den jüdischen Glauben empfunden. Den
Ausschlag gegeben habe Theodor Mommsens berühmter Aufsatz von 1880 „Auch ein Wort über unser Judenthum", der ihn
und seine Freunde entscheidend beeinflusst habe. Darin ruft
Mommsen Juden, die keine religiösen Bindungen an ihren
Glauben verspüren, dazu auf zu konvertieren, nicht unbedingt
im religiösen Sinne, sondern in dem des Beitritts zur großen
kulturellen Gemeinschaft. Fritz Haber erhofft sich damit auch

die Öffnung einer wissenschaftlichen Laufbahn, für die er sich in dieser Zeit entscheidet.

1894 übernimmt Fritz Haber eine Assistenz an der Technischen Hochschule Karlsruhe, wo er die besondere Förderung durch Carl Engler und Hans Bunte erfährt und eine enge Zusammenarbeit mit der BASF, der Badischen Anilin- und Sodafabrik in Ludwigshafen aufbaut. Fritz Haber spricht später von den „17 besten Arbeitsjahren meines Lebens". 1896 bereits erfolgt die Habilitation über die thermische Zersetzung von Kohlenwasserstoffen (Cracken), 1898 erhält Fritz Haber eine außerordentliche Professur. Somit waren nun auch die finanziellen Voraussetzungen gegeben, an eine Heirat zu denken. Anlässlich einer Tagung in Freiburg lädt Haber seinen Freund Richard Abegg und das „Fräulein Doktor Assistentin", Dr. phil. Clara Immerwahr, ein, bei ihm in Karlsruhe vorbeizukommen.

Clara Immerwahr

Am 21. Juni 1870 wird Clara als jüngste Tochter nach einem Bruder und zwei Schwestern in Polkendorf bei Breslau geboren. Der Vater und später auch der Bruder sind Chemiker, der Vater betreibt jetzt Landwirtschaft auf dem Gut, später übernimmt er den Direktorenposten einer Zuckersiederei. Die Kinder werden mit äußerster Sparsamkeit erzogen. Die Großeltern waren wohlhabend, sie hatten einen florierenden Textilhandel in Breslau aufgebaut. Die Immerwahrs gelten als gute Gastgeber mit immer offenem Haus, in dem eine herzliche und fröhliche Atmosphäre lebte. In der aufgeschlossenen Familie wird das jüdische Brauchtum nicht praktiziert. Teils durch Privatlehrer auf dem Gut unterrichtet, teils in den Wintermonaten in einer Breslauer Schule, später in der Krug'schen Töchterschule, legt sie nach einem Lehrerinnenexamen 1896 auch das „Einjährige" ab. Clara lernt leicht und mit großer Begeisterung, aber auch Ausdauer. Sie gilt als empfindsam und zärtlich, lebhaft, aber auch ernsthaft. Später soll sie ihre unglückliche Weichheit beklagen. Der Vater fördert sie mit allen Kräften und zieht nach dem Tod der Mutter mit ihr ganz nach Breslau. Wie auch die spätere

Entscheidung zum „Bubikopf", dem demonstrativen Symbol des „Zöpfe ab", zeigt, war Clara beeinflusst von den Bestrebungen der Frauenbewegung nach gleichberechtigtem Zugang zur Bildung und gesellschaftlichen Anerkennung.

Mit inzwischen 26 Jahren erhält Clara eine Sondererlaubnis als Gasthörerin für Chemie an der Breslauer Universität und, obwohl das Frauenstudium in Preußen erst 1908 offiziell erlaubt wird, erhält Clara bereits 1897, nach Ablegen eines externen Abiturs, den Status einer regulären Studentin in Breslau, später auch an der Bergakademie in Clausthal. Auch hier lässt sich das liberale Klima Breslaus erkennen im Unterschied zu Berlin, wo die Physikerin Lise Meitner selbst 1907 noch in die Tischlerwerkstatt verbannt war.

Clara studiert bei Friedrich-Wilhelm Küster und später bei Richard Abegg, einem mit Fritz Haber befreundeten Physiko-chemiker, der sie umfassend fördert und auch ihre Doktorarbeit betreut. Zu Abegg und seiner Frau entwickelt Clara eine dauerhafte Freundschaft mit teils sehr dichtem Briefwechsel, aus denen auch ihre Unsicherheiten beim Verfolgen ihres ungewöhnlichen Lebensweges zum Ausdruck kommen. Abegg ermutigt sie zu „Schneid und frischem Mut".

Mit Aufnahme des regulären Studiums lässt sich Clara taufen, auch sie tritt zum Christentum über. Möglicherweise fasste sie Ihren Entschluss dazu unter Einfluss von Fritz Haber? Aus einem seiner Briefe geht hervor, das er bereits 1891 Clara Immerwahr in Breslau kennengelernt hatte.

In ihrer Abschlussarbeit befasst sich Clara Immerwahr dann mit Themen der anorganischen Chemie und Elektrochemie. Dazu führt sie auch Experimente an der Bergakademie Clausthal durch. Am 22. Dezember 1900 – zu Beginn eines neuen Jahrhunderts – ist es dann soweit: „Unser erster weiblicher Doktor […] mit dunkelblondem Tituskopf", wie die Zeitung schreibt, schwört den Doktoreid:

> Ich schwöre, daß ich niemals in Wort oder Schrift etwas lehren werde, was meiner Überzeugung widerspricht. Daß ich vielmehr die

Wahrheit zu fördern und das Ansehen und die Würde der Wissenschaft nach Kräften zu heben bestrebt sein werde.

Diesem Anliegen wird Clara Immerwahr treu bleiben, wie ihr späteres Leben aufzeigt.

Ein Opponent ihrer These bei der öffentlichen Verteidigung in der Aula, Otto Sackur, sollte später ein Mitarbeiter Fritz Habers in Berlin werden und bei Arbeiten an dem wegen Giftigkeit, Gestank und Entzündlichkeit experimentell lange nicht mehr untersuchten Kakodylchlorids[3] durch eine Explosion ums Leben kommen.

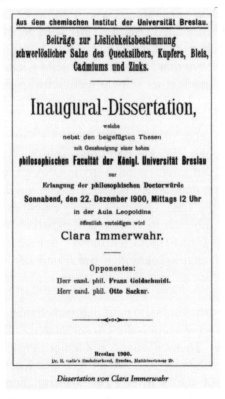

Dissertation von Clara Immerwahr

Abb. 1: Universitätsbibliothek Breslau.

---

[3] Mit diesem erschlossen sich die metallorganischen Giftgase der Blaukreuzgruppe.

Die Ehe – die berufliche Glanzzeit Fritz Habers in Karlsruhe

Auf der 8. Hauptversammlung im April 1901 in Freiburg, zehn Jahre nach dem ersten Kennenlernen, stellt Fritz Haber Clara den Heiratsantrag. Erst nach einer Gedenkpause willigt Clara Immerwahr ein. Clara will auch diese Seite im Buch ihres Lebens aufschlagen, wie sie später Richard Abegg schreibt. Mit Marie und Paul Curie in Paris gab es bereits Vorbilder einer Forscherehe. Im wilhelminischen Deutschland erschien eine außerhäusliche Tätigkeit für eine Professorengattin, auch als Assistentin, jedoch nicht vorstellbar. Hürden hatten beide in ihrem Leben schon genommen, woran sollte es scheitern, auch diese zu nehmen? – am 3. August 1901 wird geheiratet und nach den Flitterwochen beginnt bereits der Alltag, vorerst ohne Dienstboten. Neben den Hausarbeiten bleibt Clara kaum Zeit für Fachliches und nach einer schwierigen Schwangerschaft kommt bereits am 1. Juni 1902 Hermann zur Welt, er bleibt das einzige Kind.

Fritz Haber setzt alle seine Kräfte in die Entwicklung seiner wissenschaftlichen Projekte und kurz nach der Geburt des Sohnes tritt er eine Informationsreise in die USA an, wo er stark beeindruckt ist von dem hohen Entwicklungsstand der chemischen Industrie. Schon früh beginnen die gesundheitlichen Beeinträchtigungen, die sich in extremer Reizbarkeit und Nervosität sowie „Magen-Darm-Hautaffektionen" äußern. Clara hat oft zwei Patienten, den kränkelnden Sohn und den Mann, die sie beide aufmerksam pflegt. Bei ihr treten die ersten Migräneanfälle auf.

Fritz Haber arbeitet rastlos auf den verschiedensten Gebieten, immer mit Blick auf technische Umsetzungen – über organische Farbstoffe, über Themen aus dem Gebiet der Thermodynamik und der Elektrochemie, z. B. zu Fragen der Korrosion, und erkämpft sich 1906 die Berufung zum ordentlichen Professor der Physikalischen Chemie. Früh zeigt sich sein zur Überheblichkeit und Rastlosigkeit neigender Charakter, verstärkt durch sein Wissen darum, dass er sich selbst als getaufter Jude die volle gesellschaftliche Anerkennung erkämpfen muss. Aus dieser

Problematik heraus scheint sich aber auch kein gemeinsames Anliegen und Gespräch mit seiner Frau ergeben zu haben, vielmehr setzt er sich in vielen Belangen rasch auch gegen sie durch – begeistert aber im Kreis der Kollegen und Schüler durch seine ungeheuer rasche Auffassungsgabe und Vielseitigkeit. Seine Schüler schätzten seine uneigennützige Förderung. Er sammelt einen großen, auch internationalen Arbeitskreis um sich. Nach umfangreichen, auch auf Walter Nernst zurückgreifenden Vorarbeiten und der glücklichen Entdeckung, mit Osmium den richtigen Katalysator gefunden zu haben, gelingt dann 1908/1909 die Ammoniak-Synthese und Patentanmeldung – und in Zusammenarbeit mit Carl Bosch deren technische Umsetzung bei der BASF, die Entwicklung des „Haber-Bosch-Verfahrens". Die Verbesserung der landwirtschaftlichen Produktion, die Überwindung der von Malthus prophezeiten weltweiten Hungerkrise ist in Sicht.

Auf dem Weg zum Gipfel der wissenschaftlichen Eroberungen stürzt Fritz Haber jedoch im privaten Leben ab. Frau und Sohn erleben ihn kaum als greifbaren Mitmenschen. Äußerlich hält Clara pflichtbewusst aber äußerst bescheiden den gesellschaftlichen Rahmen als Gastgeberin und Professoren-Ehefrau aufrecht. Sie kleidet sich zurückhaltend, auch Protest formulierend, in Reformkleidern. Sie unternimmt auch weiter Versuche, die Seite des Buches ihres Lebens als Wissenschaftlerin nicht ganz zuschlagen zu müssen und hält im Volksbildungsverein und später, 1910, im Arbeiter-Bildungs-Verein erfolgreiche Vortragsreihen über „Chemie in Küche und Haus" – muss diese aber teils verschieben, weil sie selbst dringend Erholung im Sanatorium oder auf dem elterlichen Gut benötigt.

Die Entfremdung der Eheleute nimmt im Laufe der Jahre weiter zu. 1909, im Jahr des großen Erfolgs ihres Mannes schreibt sie an den Besorgnis äußernden Richard Abegg:

> Was Fritz in diesen 8 Jahren gewonnen hat, das – und noch mehr – habe ich verloren, und was von mir übrig ist, erfüllt mich mit der tiefsten Unzufriedenheit. [...]. Der Aufschwung den ich davon (der Eheschließung) gehabt, ist aber sehr kurz gewesen [...] so ist der

Hauptteil (der Unzufriedenheit) auf Fritzens erdrückende Stellung-nahme für seine Person im Haus und in der Ehe zu schieben, neben der einfach jede Natur, die sich nicht noch rücksichtsloser auf seine Kosten durchsetzt, zugrunde geht.

Abb. 2: Generallandesarchiv Karlsruhe.

1910 stürzt Richard Abegg bei einem Ballonflug tödlich ab. Für Clara ein unersetzlicher Verlust des freundschaftlich verbunde-nen Mentors, den sie nicht überwindet.

Berlin: Die „Vermählung von Wissenschaft mit Politik und Wirtschaft". Das Institut für Physikalische Chemie und Elektrochemie der Kaiser-Wilhelm-Gesellschaft, der KWI

In Berlin-Dahlem sollte ein „Deutsches Oxford" entstehen. In Gesprächen zwischen Wissenschaft und Politik und unter Zustimmung des Kaisers Wilhelm II. war der Plan entstanden, im Rahmen einer Kaiser-Wilhelm-Gesellschaft Institute für freie Forschung, frei von Verpflichtungen der Lehre, zu gründen. Leopold Koppel, Geschäftsmann und Bankier, stiftet das Institut für Physikalische Chemie und Elektrochemie, der Staat gibt einen geringen Zuschuss. Einzige Bedingung Leopold Koppels: Fritz Haber soll Direktor werden. Der Geheime Oberhofbaurat Ernst von Ihne wird mit der Planung beauftragt und bereits 1911 zieht Fritz Haber mit Clara und Hermann nach Berlin in eine repräsentative Dienstvilla.

Eine Karikatur aus der Festschrift zum Abschied aus Karlsruhe erfasst ahnungsvoll das Schicksal Fritz Habers: Ergriffen und gefangen in den Fängen des preußischen Adlers.

Abb. 3: MPG Archiv Berlin.

Haber erhält die Ernennung zum Direktor des KWI für Physikalische Chemie und Elektrochemie in Dahlem, setzt aber durch,
dass er zusätzlich eine Berufung zum ordentlichen Honorarpro-
fessor der Friedrich-Wilhelm-Universität erhält, zu groß ist
seine Freude an der Lehre.

Die 2. Ehe des Fritz Haber

Am 23. Oktober1912 weiht Kaiser Wilhelm II. das „Kaiser-
Wilhelm-Institut für Physikalische Chemie und Elektrochemie"
ein. In seiner Eröffnungsrede entwirft Emil Fischer, der Nestor
der Organischen Chemie in Deutschland, die Zukunftsvision für
das Haus:

> Das Haus hat sich heute festlich geschmückt, wie die Braut am
> Hochzeitstage. Gilt es doch, die Vermählung des Instituts mit der
> Wissenschaft zu feiern (...).

> Das Horoskop für den Bund ist deshalb leicht zu stellen. Wir er-
> warten zuversichtlich, daß aus ihm eine ununterbrochene Schar von
> blühenden, hoffnungsvollen Kindern in Gestalt von glänzenden
> Entdeckungen und nutzbaren Erfindungen hervorgeht.

Diese zweite Ehe wird Fritz Haber in Gänze vereinnahmen und
gefangen nehmen – statt blühender und hoffnungsvoller Kinder
werden es Schreckgespenster, Nachtmähren und Horrorgestalten
mit Giftgasmasken sein, die aus dieser Ehe hervorgehen. Denn
„la grande guerre", der Erste Weltkrieg, bahnt sich an. Friedens-
mahner wie Bertha von Suttner sterben kurz zuvor oder werden
wie Jean Jaurès erschossen, auch auf den Frieden erhalten wol-
lenden Rasputin wird ein Attentat verübt. Der Wille zu einer
politischen Lösung der Krise erlahmt und scheitert an einer
Vielzahl von egoistischen Einzelinteressen, kurzatmigen Reaktionen, der Unfähigkeit, die grauenhaften Folgen vorauszuden-
ken, der Erste Weltkrieg wird nicht verhindert.

Abb. 4: Goya, Los Caprichos, Nr. 34: El sueño de la razón produce monstrous, 1799. Radierung und Aquatinta 21,6/15,2. Prado, Madrid. (Der Schlaf (Traum) der Vernunft erzeugt Ungeheuer). Abbildung in: Robert Hughes: GOYA. Der Künstler und seine Zeit. Deutsche Ausgabe 2004 bei Blessing, München, S. 83.

Der Schlaf der Vernunft gebiert Ungeheuer: Das KWI für Physikalische Chemie und Elektrochemie im Dienste des Krieges

Fritz Haber ist Mitunterzeichner des „Aufrufs an die Kulturwelt" vom September 1914, wie auch die Chemiker Adolf von Bayer, Karl Engler, Emil Fischer, Wilhelm Ostwald und Richard Willstätter. Haber empfindet sich ganz als deutschen Patrioten, etatistisch geprägt, mit Idealen von Pflichterfüllung, unbedingter Loyalität und Dienst am Staat, jedoch nicht von monarchistischem Konservatismus. Sein Kollege James Franck sieht ihn als liberalen Mann, als Demokraten.

Seinem Standpunkt folgend „im Frieden der Menschheit und im Kriege dem Vaterlande" stellt Fritz Haber sich und sein Institut voll in den Dienst des Krieges. Eine enge Zusammenarbeit von Wissenschaft und Politik, voran dem Kriegsministerium, Industrie und Militär ist die Folge.

Die „Kriegsrohstoffbehörde"

Angesichts des Scheiterns der Hoffnung des Generalstabs auf einen kurzen Krieg mit einem „schnellen Schlag" gegen Frankreich – die Umsetzung des Schlieffen-Plans gerät in einem Stellungskrieg an der Westfront ins Stocken – bahnt sich ein Material-verschlingender Stellungskrieg an. Walter Rathenau, Vorstandsvorsitzender der AEG, regt die Gründung einer „Kriegsrohstoffbehörde" im Kriegsministerium an mit der Aufgabe, die Lager zu sichten, den Verbrauch zu überwachen und neue Quellen aufzutun. Rathenau beruft Fritz Haber zum Leiter der „Abteilung Chemie". Im Laufe des Krieges begleitet und initiiert Haber maßgeblich die eng koordinierte Zusammenarbeit der chemischen Großindustrie mit dem Militär: Bayer und BASF gründen zunächst die Interessengemeinschaft (IG) Farben, später treten weitere Firmen, v. a. die Farbwerke Hoechst hinzu.

Nun steht die großartige Entdeckung Habers im Dienste des Krieges. Durch die Blockade der aus Chile kommenden Salpeterlieferungen fehlt der Rohstoff für Schießpulver. Mit dem

Ausbau des Ostwald-Verfahrens zur Ammoniakoxidation kommt der Ammoniaksynthese eine von Haber bisher nicht einbezogene kriegswichtige, strategische Bedeutung zu. Der Krieg frisst alle humanen Anliegen, war doch das Anliegen bei der Entwicklung des Haber-Bosch-Verfahrens, „den Standard der Landwirtschaft und den Wohlstand der Menschheit zu verbessern", wie es später bei der Verleihung des Nobel-Preises heißen wird. Nun ist der Krieg der Motor der Entwicklung. Es werden neue Anlagen zur Ammoniakherstellung und Ammoniakoxidation gebaut, so auch 1916 die Leunawerke gegründet.

Das KWI-Institut Habers forscht auf den unterschiedlichsten Gebieten, der Entwicklung neuartiger Sprengstoffe und Reizgase – später auch tödlicher Giftgase – sowie den notwendigen Schutzmaßnahmen. Eine toxikologische Abteilung führt Versuche an verschiedenen Tieren durch und entwickelt neue toxikologische Prüfverfahren. Fritz Haber zieht eine Vielzahl von hervorragenden Wissenschaftlern an sein Institut in Dahlem.

Am 17. Dezember 1914 ereignet sich bei den Entwicklungsarbeiten an neuartigen Sprengstoffen ein tödlicher Unfall. Otto Sackur, Claras Opponent bei der Verteidigung ihrer Doktorarbeit in Breslau, wird furchtbar verletzt und verstümmelt. Sein Kollege Gerhard Just verliert eine Hand. Während der hinzugeeilte Fritz Haber gelähmt, sprech- und handlungsunfähig am Türrahmen lehnt und gestützt wird, leistet Clara tatkräftig, beherzt und gefasst Schritte zur ersten Hilfe der Verunglückten ein. Sie muss jedoch erleben, dass Otto Sackur bereits ein Sterbender ist.

Fritz Haber, Initiator und Organisator des chemischen Krieges in Deutschland

Der Stellungskrieg an der belgischen Front wird Anlass, die Entwicklung von chemischen Stoffen anzustoßen, die mit reizenden oder betäubenden Wirkungen die Verteidiger schwächen sollen. Ende 1914 bereits finden in Zusammenarbeit mit den Farbenfabriken Bayer erste Versuche auf dem Schießplatz in Köln-Wahn statt. Um im Stellungskrieg ein breiteres Gebiet abzudecken, fällt in Zusammenarbeit von Industrie, Militär und Wissenschaft die Entscheidung für die militärtechnisch neuartige Strategie eines „Blasangriffs", vorerst mit Chlor. Haber erweist sich als hervorragender Organisator, er sichert die Beschaffung der Chlorbestände aller vorhandenen Chlorfabriken, lässt die notwendigen Konzentrationen in Tierversuchen ermitteln und bildet zwei „Pionierregimente", in denen Chemiker und auch Physiker sich in die spezifischen Anforderungen eines „Gaskampfes" einarbeiten. Otto Hahn (nicht ohne Skrupel), James Franck, Hans Geiger (späterer Erfinder des Geiger-Müller-Zählrohrs) zählen dazu, während ein Max Born ablehnt. Haber setzt seine ganze Energie und seinen Intellekt ein, „die Gaswaffe nächst der Luftwaffe zur größten technischen Neuerung des Landkrieges" werden zu lassen. In seinen Begründungen lässt sich eine sozialdarwinistische Sichtweise erkennen, die unvorstellbare tragische Folgen zeigen wird. So führt er zu den Schutzmaßnahmen aus:

> Das Maß soldatischer Erziehung aber, dessen es zur richtigen Pflege des persönlichen Gasschutzgerätes, zu seiner Handhabung und vor allem zur Fortführung der Kampftätigkeit unter der Maske bedarf, ist außerordentlich groß. Eine strenge Auslese scheidet die Mannschaft, die vermöge dieser Gasdisziplin standhält und ihre Kampfaufgabe erfüllt, von der soldatisch minderwertigen Masse, (...).

Die verheerenden Folgen des Einsatzes der Gaswaffe an der Ostfront, sowie nach dem Ersten Weltkrieg z. B. in Marokko oder Äthiopien zeigen, dass eine strategische Wirkung dieser Gaswaffe gerade darin besteht, den unvorbereiteten und militärisch nicht bzw. schlecht ausgerüsteten Gegner zu treffen. Die Industrienationen der Westfront waren dagegen sehr rasch in der Lage, in der Entwicklung der Gaswaffe aufzuholen.

Haber entwickelt auch militärtechnische Taktiken, unter den unterschiedlichen Bedingungen des Frontverlaufs die „Gaswaffe" so einzusetzen, dass eine geschlossene Wolke entsteht. Dies soll bei Ypern, Belgien, geschehen. 1600 große und 4000 kleine mit Chlor gefüllte Stahlzylinder werden 6 km entlang des Frontverlaufs und 600 bis 900 m in die Tiefe der Front eingegraben mit dem Ziel, unter den zu erwartenden Windbedingungen eine geschlossene Gaswolke auf den Feind zutreiben zu lassen. Nach zermürbendem Warten stellt sich der erwartete West-Nordwest-Wind ein.

Ypern am 22. April 1915 – der erste Gasangriff der Militärgeschichte

Um etwa 6 Uhr nachmittags wurde der erste Gasangriff der Militärgeschichte planmäßig durchgeführt. Fritz Haber hatte persönlich diesen Gasangriff geleitet:

> Der herrschende schwache Nordwind trieb die Gaswolke in die gegenüberliegende Stellung des Feindes bei Langemark und machte dessen vorher unüberwindlichen Widerstand im Augenblick zunichte [...].

Die Front wurde über 6 km aufgerissen, 10 000 Gasverletzte und 5000 Tote die Opfer. Die Heeresgruppe hatte jedoch nicht mit diesem für sie erfolgreichen Fortgang gerechnet und nur ungenügend Reserven bereitgestellt, diesen Durchbruch auszubauen.

Margit Szöllösi-Janze verweist auf jüngere historische Forschung, wonach die bisher angegebenen Zahlen, teils der Kriegspropaganda zugeschrieben, als übertrieben eingeschätzt werden. Die Wirkung der Gaswaffe kann damit jedoch nicht verharmlost werden.

Fritz Haber, soeben von diesem militärisch erfolgreichen Giftgaseinsatz bei Ypern zurückgekehrt, wird umgehend zum Hauptmann befördert. Otto Hahn sah dies in Zusammenhang mit der Entscheidung der Obersten Heeresleitung, den Einsatz der Gaswaffe auszubauen. Als Offizier kann Haber nun auch im inneren Kreis des Militärs mitarbeiten. Was die Entscheidung und Beförderung für Fritz Haber persönlich bedeutet, lässt sich erahnen im Rückblick auf seine Kindheit und die ihm später seines jüdischen Hintergrunds wegen verweigerte Beförderung zum Offizier nach dem einjährigen Militärdienst. Haber, der sich immer als ganzer deutscher Patriot empfindet, erfährt nun endlich die ersehnte gesellschaftliche Anerkennung.

Die Nacht vom 1. auf den 2. Mai 1915

Bevor Haber zur nächsten Erprobung der Gaswaffe (nun neben
Chlor auch Phosgen) an die Ostfront reist, feiert er während eines kurzen Aufenthalts in Berlin noch am 1. Mai seine Beförderung zum Hauptmann in der Dahlemer Dienstvilla. Als es in der
Nacht ruhig wird, ergreift Clara morgens früh die Dienstpistole
ihres Mannes und geht in den Garten. Nach einem Probeschuss
trifft der zweite Schuss in ihr Herz. Clara stirbt. Ihr Sohn Hermann findet sie als erster. Fritz Haber kann noch das Drin-
gendste klären und reist bereits am Tag nach dem Selbstmord
seiner Frau weiter an die Ostfront. Es gab Abschiedsbriefe, sie
wurden vernichtet. Die Angehörigen beider Familien taten alles,
nichts nach außen dringen zu lassen, die politischen Gescheh-
nisse des 20. Jahrhunderts trugen bei, weitere Quellen zu ver-
nichten. Die zahlreichen Leerstellen verunmöglichen eine eindeutige Rekonstruktion des Ablaufs dieses Abends, der Motive
des Selbstmords.

Gab es eine Auseinandersetzung zwischen den Eheleuten angesichts des Gifteinsatzes und Fritz Habers Beförderung? Gab
es Anlass für Vorwürfe von seiner Seite, dass es sich herum-
sprach, dass sie nicht hinter ihm stand und gegen den Giftgaseinsatz Stellung bezog? Ob Clara an diesem Abend bereits
Charlotte Haber begegnete? Fragen, die offen bleiben.

Was als gesichert erscheinen kann: Clara war zunehmend be-
sorgt und zutiefst empört über die umfangreichen Maßnahmen
zur Giftgasentwicklung. Wie sie ihrem Vetter 2. Grades, Paul
Krassa und seiner Frau gegenüber äußerte, war sie verzweifelt
über die grauenhaften Folgen des Gaskriegs, dessen Vorbereitungen und Wirkungen bei Tierversuchen sie mit angesehen
hatte. Auch andere Zeitzeugen bestätigen diese grundsätzliche
heftige Ablehnung des Gaskrieges. Zudem hatte sie den furcht-
baren Tod Otto Sackurs erlebt. In ihrem Doktoreid hatte sie ge-
schworen,

> daß ich niemals in Wort oder Schrift etwas lehren werde, was mei-
> ner Überzeugung widerspricht. Daß ich vielmehr die Wahrheit zu

fördern und das Ansehen und die Würde der Wissenschaft nach Kräften zu heben bestrebt sein werde.

Abb. 5: Voss'sche Zeitung 7. Mai 1915, Staatsbibliothek u. d. Linden.

So, wie sie mit ihrem Studium neue Wege eingeschlagen hatte, so wollte sie auch beitragen die Welt zu reformieren, wie der Kollege James Franck später äußerte. Nun war sie Zeugin, wie der „Schlaf der Vernunft" Grauenhaftes hervorbringt.

Die ihr von einem amerikanischen Autor, Morris Goran (1967) zugeschriebene Äußerung, Giftgas sei „eine Perversion der Wissenschaft und ein Zeichen der Barbarei, (…) jene Disziplin korrumpierende, die dem Leben neue Einsichten vermitteln sollte", ist jedoch nach Szöllösi-Janze kein Originalzitat, sondern eine eher essayistische Formulierung des Autors, von Gesprächen mit in den USA lebenden ehemaligen Haber-Mitarbeitern ausgehend.

Das unvollendete Leben Clara Immerwahrs

Mit ihrer Entscheidung zur Eheschließung, so hatte sie geschrieben, wollte Clara Immerwahr auch diese Seite im Buch ihres Lebens aufschlagen. Aber diese Seite wollte sich nicht öffnen. Schon nach der schweren Schwangerschaft und Geburt erlebte sie keinen Beistand ihres zeitgleich erkrankten Mannes, der sie dann sogar alleine ließ, um die beruflich lockende Reise in die USA anzutreten. Seine Getriebenheit und Rastlosigkeit versagte ihr einen emotionalen Rückhalt in ihrer Ehe. Hatte sich die Entfremdung der Eheleute schon in der Karlsruher Zeit zunehmend vertieft, so trug die vom Krieg diktierte Entwicklung in Berlin das ihrige bei, diese zu vertiefen.

Und die Seite des Buches als Wissenschaftlerin, wofür sie viele Jahre ihres Lebens eingesetzt hatte? Diese Seite schlug im Verlauf der Ehe nach und nach zu. Die gesellschaftliche Situation ihrer Zeit, aber auch Fritz Habers Besitzergreifung des gemeinsamen Lebens ließen dies nicht zu.

Warum sich Clara Immerwahr nicht zu einer Trennung entschließen konnte? War es Claras innere Haltung zur Pflichterfüllung, waren es auch die gesellschaftlichen Schranken der Kaiserzeit? Fritz Habers zweite Frau wird dies 1927, nach 10jähriger Ehe, in der Zeit der Weimarer Republik tun.

Mit ihrem Freitod blieb sich Clara Immerwahr treu – ihr Leben und ihr Scheitern sind eine Herausforderung, sich mit der Frage von Krieg und Frieden zu befassen. Wohin führt die immer weiter gesteigerte Entwicklung von Waffen, die eine größtmögliche Vernichtung bei geringstem personellem und materiellem Einsatz bezwecken? Diese Entwicklung soll am Beispiel des Gaskriegs weiter verfolgt werden.

Der Gaskrieg in den weiteren Kriegsjahren

Auch in den neueren Publikationen zum Ersten Weltkrieg wird der Gaskrieg nur am Rande erwähnt. Eine umfassende Aufarbeitung fehlt bis heute. Ludwig Fritz Haber, der Sohn aus Fritz Habers Ehe mit Charlotte Nathan, nennt für die Zeit von 1915-1918 an der Westfront, d. h. unter den Truppen Deutschlands, Englands, Frankreichs und der USA, mindestens eine halbe Million Gasopfer, darunter etwa 5 % Tote, vor allem im letzten Kriegsjahr. Gasschäden an Zivilisten sowie an Truppen aus Österreich-Ungarn sowie Russland kommen hinzu.

Aufgrund der schlechten Ausbildung und mangelnder Schutzmaßnahmen sind sie bei russischen Soldaten besonders hoch, sie werden auf eine halbe Million mit 10 % Todesfolgen geschätzt. Auch wenn diese Zahlen gegenüber denen konventioneller Waffen zurücktreten[4], so wurde von Haber und anderen wiederholt die besondere Wirkung der Giftgase in psychologischer Hinsicht hervorgehoben: Der sich beim Einsatz bis zur Panik steigernde Überraschungseffekt, verstärkt durch das Empfinden des Ausgeliefertseins an eine nicht einzuschätzende Wirkung, die vollkommene Wehrlosigkeit, die der Einzelne nur bedingt im Rahmen der Gasschutzmaßnahmen beeinflussen kann. Weiterhin sind Langzeitschäden der verschiedenen eingesetzten Giftgase, z. B. Lost oder Phosgen, bekannt, aber nicht zuverlässig aufgearbeitet.

Wurden anfänglich Blasangriffe durchgeführt, so verlagerte sich der Einsatz später zu Gasgranaten. In Schlachten, wie der „Kaiserschlacht" am 22. März 1918, wurde Gassprengstoff im Verhältnis 50:50 % eingesetzt. Immer neue Stoffe und auch solche mit stärkerer Giftwirkung wurden entwickelt, 1918 waren es am KWI-Institut rund 100 Stoffe. Ihrer Wirkung nach ordnete man sie zur Gelbkreuzgruppe mit Kontaktgiften wie Lost (auch Mustard Gas oder in Frankreich Yperit genannt), zur Blaukreuzgruppe, als Aerosole eingesetzte organische Arsenverbindungen wie Clark I und II, Lewisit oder Adamsit, die mit ihrer Wirkung als Niess- und Hustenreiz als „Maskenbrecher" zwingen, die Masken abzusetzen, um dann beim „Buntschießen" den Einsatz giftigerer, tödlicher Gase zu ermöglichen – und zur Grünkreuzgruppe, den Atemgiften wie Chlor, Phosgen und Perstoff.

Voraussetzung zur Entwicklung von Giftgasen ist eine mit Militär und Politik kooperierende hoch entwickelte chemische Industrie. Gegen Kriegsende hatten die westlichen Entente-Mächte aufgeholt. Nach Ludwig Fritz Haber war das wissen-

---

[4] Hieraus darf nicht gefolgert werden, der Gaskrieg verlange keine Menschenopfer. Bei verstärkter Anwendung hochtoxischer Gase würden diese Zahlen jedoch rasch nach oben schnellen.

schaftliche Personal in der Giftgasforschung in USA, England und Deutschland praktisch zahlenmäßig angeglichen.

In Erwartung der Fortführung des Krieges in das Jahr 1919 hinein, wurden auf beiden Seiten weitere Maßnahmen vorbereitet. Deutschland, aber auch die Gegenseite, England, Frankreich und die USA, setzten nun vorrangig auf Gaswerfer und Blasverfahren. Mit riesigen Mengen an Gas im Einsatz sollte die ganze gegnerische Front vergast werden. Der Groß-Einsatz der ersten Massenvernichtungswaffe der Menschheit droht.

6. Februar 1918 – Der Aufruf des Roten Kreuzes gegen die Verwendung von tödlichen Kampfstoffen

In großer Besorgnis angesichts dieser Steigerung des Gaskriegs, nehmen zu Beginn des Jahres 1918 in der neutralen Schweiz der Nobelpreisträger und Pazifist Romain Rolland, der Vizepräsident des Internationalen Roten Kreuzes, Frédéric Ferrière, sowie die in Zürich lebenden Wissenschaftler, der amerikanische Zoologe Herbert Havilland Fields und der Begründer der Makromolekularen Chemie, Hermann Staudinger, Kontakt miteinander auf. Staudinger hat von den Plänen des deutschen Oberkommandos zur Steigerung des Giftgaskrieges erfahren. Die vier Persönlichkeiten erreichen, so Romain Rolland, „einen Akt des Mutes und der Menschlichkeit": Das Internationale Rote Kreuz veröffentlicht am 6. Februar einen „Aufruf gegen die Verwendung von tödlichen Kampfstoffen". Sie wird den Regierungen der beteiligten Mächte sowie dem Papst zugeleitet. Namhafte Politiker stimmen jedoch dem Aufruf nicht zu. Warum nur eine Kriegswaffe verbieten, man müsse alle oder keine verbieten, heißt es. Romain Rolland nimmt entschieden Stellung gegen diese Meinung: Jeder Krieg sei furchtbar, man könne ihn nicht in Regeln fassen.

> Das heißt alle Verbrechen gleichsetzen und den Sinn der Justiz in Frage zu stellen. [...] Es gibt keine Kriegsgeheimnisse mehr, was Deutschland heute kann, können morgen alle ... Die chemische Industrie Amerikas ist nicht weniger entwickelt als in Deutschland. Den Gebrauch einer solchen Geißel zuzulassen hieße also, ihr die Erde auszuliefern [...].

Fritz Haber – ein Kriegsverbrecher?

Eine nach Kriegsende seitens der Siegermächte kurzzeitig veröffentlichte Liste von Kriegsverbrechern enthielt Hunderte von Namen, darunter fast die gesamte Führung der chemischen Industrie – auch Fritz Haber. Die Liste wurde nach einigen Monaten kommentarlos zurückgezogen. Ein zur Aufarbeitung des Gaskriegs eingesetzter Ausschuss des deutschen Reichtags machte sich die Argumentation Fritz Habers zu eigen.

Haager Landkriegsordnung 1899 / 1907

In der 1. Friedenskonferenz und der Nachfolgekonferenz einigen sich die europäischen Nationen und die USA auf die Haager Landkriegsordnung:

§ 22 Die Kriegsführenden haben kein unbeschränktes Recht in der Wahl der Mittel zur Schädigung des Feindes.

§ 23 Abgesehen von den durch Sonderverträge geregelten Verboten ist namentlich untersagt:

a. die Verwendung von Gift oder vergifteten Waffen,

b. die meuchlerische Tötung oder Verwundung von Angehörigen des feindlichen Volkes oder Heeres,

(...)

c. der Gebrauch von Waffen, Geschossen oder Stoffen, die geeignet sind, unnötig Leid zu verursachen,

Da weder von der französischen Regierung noch anderen kriegführenden oder neutralen Mächten Proteste erhoben wurden, habe man auf beiden Seiten im Verlaufe des Krieges die Haager Erklärung für überholt angesehen und für aufgehoben betrachtet. Selbst Habers Hinweis, die Franzosen hätten als erste die Gaswaffe eingesetzt, wird übernommen.

Ende 1919 versucht Hermann Staudinger mit Fritz Haber in Dialog zu treten. In Karlsruher Zeiten Kollege von Haber, war er einem Ruf an die ETH Zürich gefolgt und hatte die Kriegsjahre von der neutralen Schweiz aus verfolgt und von dort aktiv gegen den Krieg Stellung bezogen: Gerade die Zentralmächte sollten sich einsetzen, Konflikte nicht mehr auf dem bisherigen Weg des Krieges zum Austrag kommen zu lassen, sondern den Frieden auf der einzig möglichen Grundlage, auf dem Boden der Verständigung, zu suchen.

Fritz Haber antwortet Staudinger auf seinen Brief: Er bleibt in der Denkweise seiner Taten verhaftet, plädiert für die Giftwaffe in der Spirale der Abschreckung, wenn er auf den „Instinkt der Angst vor neuen Kampfmitteln" verweist und macht Staudinger schwere Vorwürfe, als deutscher Professor dem deutschen Reich schweren, nicht wieder gutzumachenden Schaden zugefügt zu haben, indem er die gegnerischen Vorwürfe gefördert habe. Das trenne sie beide. Hermann Staudinger ist äußerst getroffen. Er entschließt sich zu einer Entgegnung, sie ist denkwürdig.

Die Frage nach dem dauerhaften Frieden

Staudinger mahnt an, die Frage nach einem wirklich dauerhaften Frieden müsse eine Aufgabe der gesamten Menschheit sein, die heute, und gerade heute, gelöst werden müsse, wenn nicht die Kulturvölker vom Untergang bedroht sein sollten. Er verweist auch auf das große Problem der schwer wieder gutzumachenden moralischen Zersetzung der Völker durch die heutigen Kriegsmittel. Der Meinung des Militärs und weiter Kreise des Volkes, dass es so, wie es Kriege gegeben habe, es auch immer Kriege geben würde und dass mit fortschreitender Technik sich nur die Methoden der Kriegsführung ändern würden, setzt er entgegen:

> Demgegenüber ist es Aufgabe und Pflicht jedes Menschen, der nur einen gewissen Einblick in die heutige Technik besitzt, darauf hinzuweisen, dass sowohl die Art der Vernichtungsmittel, wie ihre Größe ganz andersartig sind, so daß bei nochmaligem Kampf von Industrievölkern, die ihre technischen Fähigkeiten im Krieg aus-

nutzen können, eine noch nie dagewesene Vernichtung eintreten wird.

Er spricht dann Haber direkt an auf das fatale Ausbleiben seiner Stellungnahme zum verhängnisvollen Bruch mit Amerika, einem Land, dessen bedeutende technische Möglichkeiten Haber doch selbst studieren konnte. Eine Stellungnahme Habers wäre von größtem Einfluss gewesen.

Die Jahre bis 1933

Bereits 1917 hatte Fritz Haber Charlotte Nathan, damals Geschäftsführerin der „Deutschen Gesellschaft 1914", geheiratet. Aus der zu Beginn leidenschaftlichen Beziehung gingen zwei Kinder hervor. Einer Tochter folgte Ludwig Fritz, der später ausführlich den Giftgaseinsatz der Kriegsmächte im Ersten Weltkrieg aufarbeiten sollte. Auf den 1918/1920 verliehenen Nobelpreis für Chemie und seine Begleitumstände wurde bereits eingegangen.

Die Ehe mit Charlotte Nathan wird bereits 1927 geschieden. Beiden Eheleuten war es nicht gelungen, eine tragende geistige Gemeinsamkeit aufzubauen, dafür blieb auch wenig Raum. Fritz Haber arbeitet weiterhin oft bis zur Erschöpfung, sein Gesundheitszustand verschlechtert sich zunehmend, er gönnt sich kaum Erholung.

An seinem Institut übernimmt Haber nach Kriegsende zahlreiche neue, auf die Bewältigung der Probleme der Nachkriegszeit gerichtete Aufgaben, es bildet sich ein großer Mitarbeiterstab. Unter anderem wird Haber Reichskommissar für Schädlingsbekämpfung zur Sicherung der landwirtschaftlichen Produktion. Tragisches Verhängnis: In diesem Zusammenhang wird am KWI auch Cyclon B entwickelt. Mit dem dadurch freigesetzten Giftgas sollte der Genozid, die Vernichtung der jüdischen Bevölkerung durchgeführt werden. Eine grauenhafte, menschenvernichtende Konsequenz, die Haber sicher nicht vorstellbar war.

Haber bleibt auch in diesen Jahren in der Thematik der Giftgasentwicklung gefangen: Nach Dietrich Stoltzenberg, dessen

Vater Hugo Stoltzenberg hier eine zentrale Figur wurde, vermittelt Haber auf entsprechende Anfragen und in engen Kontakten mit militärischen Kreisen des Deutschen Reichs Kontakte nach Spanien zur Niederwerfung des Aufstandes der Rifkabylen unter Abd el Krim in Marokko, nach Ungarn, Japan und auch aus anderen Ländern kommen Anfragen. Im Klima des Rapallo-Vertrags finden Geheimvereinbarungen zwischen dem deutschen Militär und der sowjetischen Regierung statt, Haber vermittelt Fachleute, die in Russland Anlagen zur Fabrikation von Lost und Phosgen aufbauen.

Fritz Habers Jahre an seinem Institut sind begrenzt, der nationalsozialistische Machtwechsel bahnt sich an.

Auf der Suche nach einer neuen Heimat

Das 1933 erlassene Gesetz zur Wiederherstellung des Berufsbeamtentums wirkt sich auf Haber und seine zahlreichen Mitarbeiter verheerend aus. Die widrigen Bedingungen veranlassen ihn sein Abschiedsgesuch einzureichen. Er verlässt sein Institut vorzeitig zum 1. Oktober 1933. In seinem Abschiedsbrief, den Otto Hahn am schwarzen Brett anbringen ließ, heißt es, dass das KWI-Institut unter seiner Leitung bemüht gewesen sei, „im Frieden der Menschheit und im Kriege dem Vaterlande" zu dienen.

Verschiedene Reisen führen ihn durch Europa, auf der Suche nach einer neuen Heimat, einem Wirkungsort, einem Labor. Bereits 1932 kommt es zu einem engeren Austausch mit dem Chemiker und späteren ersten Präsidenten Israels, Chaim Weizmann. Dieser wirbt um Haber, ein in Gründung befindliches naturwissenschaftliches Institut bei Tel Aviv, das spätere Daniel-Sieff-Institut, zu leiten. 1934 schreibt Fritz Haber an Albert Einstein 1934: „ […] ich war in meinem Leben nie so jüdisch wie jetzt." Jedoch, zu sehr ist er in der europäischen Kultur beheimatet. Er entscheidet sich für ein Angebot in Cambridge. Dazu wird es nicht kommen, denn seine Gesundheit ist zerrüttet. Auf der Durchreise nach Basel, wo ihn seine Schwester, der Sohn Hermann und der Freund und Arzt Rudolf

Stern erwarten, stirbt er am 28.1.1934 in Basel. Sein Herz versagt die Arbeit.

Im Tode vereint

Zwei Wochen vor seinem Tode hatte Haber noch sein Cambridger Testament geschrieben. Überraschenderweise verfügt er, dass seine Asche an der Seite der von Clara auf dem Friedhof Dahlem liegen möge, setzt aber hinzu:

> Sollte die judenfeindliche Bewegung in Deutschland [dies] untunlich oder unwillkommen machen [...] so soll er (Hermann) die Asche meiner ersten Frau und die meinige dorthin verbringen, wo er sie gern bestattet sieht. [...]

Er ergänzt, dass zur Grabschrift eventuell gesetzt werden kann: „Im Krieg und Frieden, solange es ihm vergönnt war, ein Diener seiner Heimat."

Hermann, der Sohn aus der Ehe von Clara und Fritz, lässt 1937 die Asche seiner Mutter zum Friedhof Hörnli nach Basel überführen, wo auch die Einäscherung des Vaters stattfindet. Das Grab besteht heute noch.

Der politische, der menschliche Wille zu Verständigung und Frieden

Hermann Staudinger hatte bereits damals, während des Ersten Weltkriegs, öffentlich gefordert, den Frieden auf der einzig möglichen Grundlage, dem Boden der Verständigung, zu suchen und dies gerade von den Zentralmächten gefordert, denn weitere Kriege würden eine fortwährende unermessliche Steigerung des Zerstörungs- und Vernichtungspotentials moderner Waffensysteme mit sich bringen. Die Geschichte gab ihm leider Recht. Die Gaswaffe war die erste Massenvernichtungswaffe, mit dem Zweiten Weltkrieg sollte die Atombombe folgen.

Die aktuelle Literatur zum „Großen Krieg" greift den Gedanken Staudingers auf. Christopher Clark folgert im Schlussteil von „Die Schafwandler", dass die Krise, die im Juli 1914 zum Krieg führte, die Frucht einer gemeinsamen politischen Kultur war, und verweist im Ursachengefüge auf den Moment des Zufalls, der auch andere Konsequenzen möglich gemacht hätte. Und Herfried Münkler schreibt in der Einleitung zu seinem Werk, dass trotz der spezifischen Bündniskonstellationen der politischen Mächte Europas dieser Krieg nicht zwangsläufig war. „Er hätte vielmehr, das soll auch diese Darstellung zeigen, bei mehr politischer Weitsicht und Urteilskraft vermieden werden können".

Politische Weitsicht und Urteilskraft, der unbedingte Wille zur Verständigung, gerade in Krisen, sowie die Überzeugung nur diesen Weg gehen zu können und auch zu müssen angesichts der Wahrscheinlichkeit immer größerer Katastrophen: Das war der Gegenentwurf eines Hermann Staudinger zu Fritz Habers Weltsicht – das wäre auch möglich geworden, wenn Fritz Haber in seiner rastlosen Getriebenheit innegehalten hätte, die Stimme seiner Frau zu hören, denn:

> „Die große Schuld des Menschen sind nicht die Sünden, die er begeht – die Versuchung ist mächtig und seine Kraft gering – die große Schuld des Menschen ist, dass er in jedem Augenblick die Umkehr tun kann und nicht tut."

In jedem Augenblick kann der Mensch die Umkehr tun - sagt Martin Buber. Es ist möglich, anders zu entscheiden und umzukehren. Das unvollständige Leben von Clara Immerwahr im Kontrast zur dunklen „2. Ehe" des Fritz Haber, ist eine Herausforderung, sich der Frage der Vermeidbarkeit von Krieg zu stellen – gerade heute.

Quellen und weiterführende Literatur

„... im Frieden der Menschheit, im Kriege dem Vaterlande ..." *75 Jahre Fritz-Haber-Institut der Max-Planck-Gesellschaft. Bemerkungen zur Geschichte und Gegenwart.* Broschüre erstellt von Mitarbeitern des Institutes zum 75jährigen Jubiläum des Instituts. Berlin 1986.

Ludwig Fritz Haber (1986): *The poisonous cloud in the First World War.* Clarendon Press Oxford.

Gerit von Leitner (1993): *Der Fall Clara Immerwahr. Leben für eine humane Wissenschaft*. C. H. Beck München.

Dietrich Stoltzenberg (1994): *Fritz Haber – Chemiker – Nobelpreisträger – Deutscher – Jude*. VCH Weinheim, New York etc.

Margit Szöllösi-Janze /1998): *Fritz Haber 1868-1934. Eine Biographie*. C. H. Beck München.

Zum Ersten Weltkrieg:

Christopher Clark (2013): *Die Schlafwandler. Wie Europa in den Ersten Weltkrieg zog*. Deutsche Verlags-Anstalt München.

Jörg Friedrich (2014): *14/18 Der Weg nach Versailles*. Propyläen, Ullstein Buchverlage GmbH.

Herfried Münkler (2013): *Der Grosse Krieg. Die Welt 1914-1918*. Rowohlt Berlin Verlag GmbH, Berlin.

MANFRED BERG

Die USA und der Erste Weltkrieg

Der Erste Weltkrieg begann im August 1914 als Koalitionskrieg der europäischen Großmächte. Zum Weltkrieg wurde der Konflikt zum einen durch die Kampfhandlungen zwischen dem Osmanischen Reich und der Entente in Kleinasien und Mesopotamien, zum anderen dadurch, dass die europäischen Kolonialmächte von Beginn an ihre afrikanischen und asiatischen Kolonien in den Krieg einbezogen. Das mit Großbritannien verbündete Japan, das sich die deutsche Kolonie Tsingtau im Nordosten Chinas einverleiben wollte, erklärte im August 1914 den Mittelmächten den Krieg und eröffnete die Kampfhandlungen in Ostasien.[1] Gleichwohl erhielt der Weltkrieg erst 1917 mit dem Kriegseintritt der USA die entscheidende globale Dimension. Die USA, die seit dem späten 19. Jahrhundert, neben Großbritannien und Deutschland, zu den führenden Industrie- und Handelsmächten gehörten, waren zwar spätestens mit dem Krieg gegen Spanien von 1898 in den Kreis der imperialistischen Weltmächte eingetreten, hatten jedoch den Aufbau eines auf territorialer Expansion beruhenden überseeischen Imperiums rasch wieder aufgegeben und hielten an ihrer traditionellen Nichteinmischung in die europäische Machtpolitik fest. An der Juli-Krise 1914 waren die Vereinigten Staaten diplomatisch nicht beteiligt, tatsächlich schenkten weder die US-Regierung noch die amerikanische Öffentlichkeit der Eskalation in Europa zu-

---

[1] Zu den diversen Kriegsschauplätzen vgl. John. A Horne, Hg., *A Companion to World War I*. Malden, Mass., 2010, Part II, S. 33-170; Lawrence Sondhaus, *World War I: The Global Revolution*. New York, 2011, S. 99-126.

nächst viel Aufmerksamkeit.[2] In den Jahren 1917 bis 1920 jedoch wurden die USA zum entscheidenden militärischen und politischen Akteur zunächst des Weltkrieges und dann des Friedensschlusses.

Der folgende Aufsatz behandelt drei Fragenkomplexe, die in den vergangenen Jahrzehnten im Zentrum der historischen Forschung gestanden haben: Warum blieben die Vereinigten Staaten von Amerika nach Ausbruch des Krieges in Europa zweiunddreißig Monate lang neutral, und warum traten sie Anfang April 1917 schließlich doch an der Seite der Alliierten in den Krieg ein? Welche Bedeutung hatte der amerikanische Kriegseintritt für den Verlauf und den Ausgang des Krieges sowie für den Friedensschluss? Welche Rückwirkungen hatte der Erste Weltkrieg auf die Gesellschaft der USA? Obwohl die USA im Ersten Weltkrieg eine entscheidende Rolle spielten, ist dieser Krieg, im Unterschied zum Bürgerkrieg, zum Zweiten Weltkrieg und zum Vietnamkrieg, im historischen Gedächtnis und in der Erinnerungskultur der Amerikaner nur wenig präsent. Neben dem militärischen und politischen Beitrag, den die USA zum Sieg der Alliierten leisteten, hatte der Krieg weitaus größere Auswirkungen auf die amerikanische Gesellschaft und für die weitere weltpolitische Rolle der USA, als uns dies heute bewusst ist.

Von der Neutralität zum Kriegseintritt der USA

Am 18. August 1914, drei Wochen nach Beginn des Krieges in Europa, rief US-Präsident Woodrow Wilson seine Landsleute zu Neutralität und Unparteilichkeit „im Denken wie im Handeln" auf.[3] Man mag Wilsons Appell in der Rückschau für einen frommen Wunsch halten, zumal der anglophile Präsident und

[2] Thomas J. Knock, *To End All Wars: Woodrow Wilson and the Quest for a New World Order*. New York, 1992, S. 32.
[3] Vgl. Wilsons Appell an das amerikanische Volk vom 18. 8. 1914 in: Arthur S. Link, Hg., *The Papers of Woodrow Wilson* (PWW). 69 Bde. Princeton, 1966-1994, Bd.30, S. 393-94.

seine engsten Mitarbeiter im Kabinett starke Sympathien für Großbritannien hegten und das Deutsche Reich wegen des Einmarsches in Belgien als Aggressor betrachteten. Colonel Edward M. House, die „graue Eminenz" unter Wilsons außenpolitischen Beratern, notierte Ende August 1914, der Präsident mache nicht nur die deutsche Führung, sondern sogar das deutsche Volk insgesamt für den Krieg verantwortlich. Ende 1914 äußerte Wilson allerdings gegenüber einem Journalisten der *New York Times*, Deutschland trage nicht die alleinige Schuld am Krieg. Er hoffe auf einen Verständigungsfrieden, doch sei auch ein Sieg der Entente mit den amerikanischen Interessen vereinbar.[4] Ungeachtet seiner persönlichen Sympathien und Stimmungen ließ sich der US-Präsident jedoch von dem Ziel leiten, sein Land aus dem Krieg herauszuhalten.[5]

In der Tat gab es gute Gründe für die Annahme, dass die USA neutral bleiben würden. Seit Gründung der USA war die Nichteinmischung in die Kriege und Händel Europas ein geheiligtes Prinzip amerikanischer Außenpolitik, das bereits Präsident George Washington 1796 in seiner Abschiedsbotschaft formuliert und das Präsident James Monroe 1823 in der berühmten Doktrin zusammengefasst hatte, Amerika werde europäische Einmischung in der westlichen Hemisphäre als Angriff auf seine nationalen Interessen abwehren, sich aber seinerseits aus europäischen Angelegenheiten heraushalten.[6] Keine US-Regierung konnte ohne zwingende Gründe mit dieser Tradition brechen. Nur eine kleine Minderheit um den als Nationalisten und Milita-

---

[4] Charles Seymour, Hg., *The Intimate Papers of Colonel House*. 4 Bde. London, 1926-1928, Bd. 1, S. 298-99; Memorandum von Herbert Bruce Brougham über Gespräch mit Wilson am 14. 12. 1914, in: PWW 31, S. 458-60.

[5] Knock, *To End All Wars*, S. 34.

[6] Zu den Traditionen amerikanischer Außenpolitik vgl. Henry W. Brands, *What America Owes the World: The Struggle for the Soul of Foreign Policy*. New York, 1998; Walter A. McDougall, *Promised Land, Crusader State. The American Encounter with the World since 1776*. New York, 1997; Walter Russell Mead, *Special Providence. American Foreign Policy and How It Changed the World*. New York, 2001.

risten bekannten ehemaligen US-Präsidenten Theodore Roosevelt forderte bereits 1914 Amerikas Parteinahme für die Entente, weil ein möglicher deutscher Sieg die nationale Sicherheit der USA bedrohen werde.[7] Die große Mehrheit der Amerikaner wünschte dagegen, dass der europäische Krieg weit entfernt bleiben möge.

Der politische „Isolationismus" gegenüber Europa wurde durch pazifistische Strömungen in der amerikanischen Gesellschaft verstärkt, die sich aus religiösen, sozialreformerischen, sozialistischen und feministischen Quellen speisten. Die große Furcht der Pazifisten und Progressivisten war, dass Amerika durch eine Beteiligung am Krieg seine Unschuld verlieren und seine demokratischen Institutionen einem aggressiven Militarismus zum Opfer fallen könnten.[8] Darüber hinaus hatten zahlreiche Bürger der USA ihre ethnischen Wurzeln in den nun kriegführenden Nationen Europas. Die natürlichen Sympathien für das Herkunftsland, mahnte der Präsident in seiner Neutralitätsbotschaft, dürften nicht die nationale Einheit der USA gefährden.[9] Auch wenn die öffentliche Meinung in den USA mehrheitlich den Westmächten zuneigte, sympathisierte eine substanzielle Minderheit doch mit den Mittelmächten, vor allem natürlich die Deutschamerikaner. Nach der Volkszählung des Jahres 1910 waren knapp 5,7 Millionen Einwohner der USA, gut 6 % der Gesamtbevölkerung, entweder in Deutschland geborene Immigranten (2,3 Millionen) oder hatten in Deutschland geborene Eltern.[10] Der deutschstämmige Bevölkerungsanteil

---

[7] Zu Theodore Roosevelts Haltung im Ersten Weltkrieg vgl. Lloyd E. Ambrosius, *The Great War, Americanism Revisited, and the Anti-Wilson Crusade*, in: Serge Ricard, Hg., *A Companion to Theodore Roosevelt*. Malden, Mass., 2011, S. 468-84.

[8] Knock, *To End All Wars*, S. 49-54; Frances H. Early, *A World without War: How U.S. Feminists and Pacifists Resisted World War I*. Syracuse, NY, 1997.

[9] PWW Bd. 30, S. 393-94.

[10] U. S. Department of Commerce. Bureau of the Census, *Historical Statistics of the United States. Colonial Times to 1957*. Washington DC, 1961, S. 65-66. Frederick C. Luebke, *Bonds of Loyalty: German-Americans and*

war besonders im Mittleren Westen sehr hoch und stellte ein beachtliches Wählerpotenzial dar. Zudem hofften viele Amerikaner irischer Abstammung auf eine Niederlage Großbritanniens, die Irland die Unabhängigkeit bringen würde.

Und schließlich rief Präsident Wilson auch deshalb zur strikten Neutralität auf, weil nur ein neutrales Amerika von den Kriegsparteien als Vermittler akzeptiert werden würde.[11] Die Vermittlung eines gerechten und dauerhaften Friedens war für Wilson eine moralische Pflicht wie ein Gebot des nationalen Interesses. Bereits im Oktober 1914 lotete der Präsident gegenüber dem britischen und dem deutschen Botschafter in Washington die Chancen einer amerikanischen Friedensvermittlung aus. Wilsons Schwager zufolge soll er schon im August 1914 die Idee eines Völkerbundes als Grundlage einer zukünftigen Friedensordnung skizziert haben.[12]

Warum aber scheiterte Wilsons Neutralitätspolitik und warum traten die USA im April 1917 gegen Deutschland in den Krieg ein? Diese Fragen wurden bereits von den Zeitgenossen äußerst kontrovers diskutiert und sind es bis heute auch unter Historikern geblieben.[13] Es gibt drei grundlegende Antworten auf diese Frage, die in vielfach differenzierten Versionen die historiografischen Deutungen bestimmen. Die erste Interpretationsschule folgt im Wesentlichen der offiziellen Version der Wilson-Administration, der zufolge Deutschlands völkerrechtswidriger uneingeschränkter U-Bootkrieg den Kriegseintritt der

---

World War I. Dekalb, IL, 1974. Zu den sehr unterschiedlichen Reaktionen von Minderheiten wie Afroamerikanern und jüdischen Amerikanern siehe Jennifer D. Keene, *Americans Respond. Perspectives on the Global War, 1914-1917*, in: *Geschichte und Gesellschaft* 40 (2014), S. 266-86.

[11] PWW 31, S. 394.

[12] Knock, *To End All Wars*, S. 44; Ray Stannard Baker, Conversations with Dr. Axson, 8., 10., 11. 2. 1925, Ray Stannard Baker Papers, Library of Congress, Manuscript Division (LC MD), Reel 70.

[13] Einen ausführlichen historiografischen Überblick bietet Justus D. Doenecke, *Neutrality Policy and the Decision for War*, in: Ross A. Kennedy, Hg., *A Companion to Woodrow Wilson*. New York, 2013, S. 243-69.

USA unvermeidlich gemacht habe. Amerika habe auf dem
Recht neutraler Mächte bestehen müssen, ungehindert mit allen
kriegführenden Mächten Güter zu handeln, die nicht als kriegswichtige Konterbande eingestuft waren. Darüber hinaus habe
sich Deutschland durch die Versenkung von Handels- und Pas-
sagierschiffen ohne vorherige Warnung, die den Tod zahlloser
Zivilisten zur Folge hatte, schwerer Kriegsverbrechen schuldig
gemacht.[14] Der spektakulärste Fall war die Versenkung des
britischen Luxusliners *Lusitania* am 7. Mai 1915, als etwa 1200
Menschen ertranken, darunter 128 US-Bürger. Die *Lusitania*-
Affäre und die Versenkung des britischen Passagierschiffs *Ara-
bic* im August 1915 brachten das Deutsche Reich an den Rand
des Krieges mit Amerika, der jedoch vorerst noch abgewendet
werden konnte, weil die Reichsleitung im Sommer 1915 den U-
Bootkrieg gegen Passagierschiffe einstellte. Dennoch kam es im
März 1916 wegen der Torpedierung des französischen Passa-
gierschiffes *Sussex*, zu einer weiteren schweren Krise im
deutsch-amerikanischen Verhältnis. Der US-Präsident drohte
mit dem Abbruch der diplomatischen Beziehungen, doch gab
Berlin noch einmal nach und versprach, dass die deutschen U-
Boote keine Passagierschiffe mehr angreifen und den Mann-
schaften feindlicher Handelsschiffe Gelegenheit geben würden,
sich vor der Versenkung in Sicherheit zu bringen.[15]

Tatsächlich verletzte der so genannte uneingeschränkte U-
Bootkrieg die hergebrachten Regeln des Seekrieges, der Kriegsschiffe dazu verpflichtete, Handelsschiffe nicht ohne Vorwar-
nung zu versenken, sondern zuvor zu stoppen, zu durchsuchen

---

[14] Vgl. Wilsons Kriegsbotschaft vom 2. 4. 1917, in: PWW 41, S. 519-527,
520.
[15] Vgl. den deutsch-amerikanischen Notenwechsel nach der Versenkung
der Lusitania, in: *Papers Relating to the Foreign Relations of the United
States (FRUS), 1915, Supplement The World War*. Washington, DC, S.
393-396, 419-421, 436-438; *FRUS 1916, Supplement The World War*, S.
232-237. Zur deutsch-amerikanischen Diplomatie um den U-Bootkrieg
1915-1916, vgl. Reinhard R. Doerries, *Imperial Challenge*: Ambassador
Count Bernstorff and German-American Relations, 1908-1917. Chapel
Hill, 1989, S. 99-127.

und die Evakuierung der Besatzung zu veranlassen. Die deutsche Marineleitung bestand darauf, dass U-Boote diese Regeln nur schwer befolgen konnten, zumal die Alliierten dazu übergingen, Handelsschiffe zu bewaffnen und die US-Flagge als Tarnung zu benutzen. Im Januar 1916 versenkte ein als US-Schiff getarntes britisches Kriegsschiff ein deutsches U-Boot, das aufgetaucht war, um ein Handelsschiff zu durchsuchen.[16] Die Deutschen rechtfertigten den U-Bootkrieg als Notwehr gegen die bereits im Herbst 1914 von Großbritannien verhängte und seither kontinuierlich verschärfte Seeblockade, die – ebenfalls kriegsrechtswidrig – darauf abzielte, den gesamten Handel der Mittelmächte abzuschneiden, einschließlich aller Lebensmittelimporte.[17] Die britische Seeblockade verletzte also ebenfalls die Neutralitätsrechte der USA, was in der amerikanischen Öffentlichkeit auch durchaus kritisiert wurde. Außenminister William J. Bryan trat nach der Versenkung der Lusitania zurück, weil Wilson sich weder zu einer entschiedenen Ablehnung der englischen Seeblockade noch zu einer offiziellen Warnung an US-Bürger, auf alliierten Schiffen zu reisen, entschließen wollte.[18] Seit Beginn des Jahres 1916 gab es im US-Kongress Bemühungen, Amerikanern das Reisen auf bewaffneten Handelsschiffen zu verbieten. Auch wenn Wilson diesen Schritt ablehnte, verschärfte die US-Politik im Sommer 1916 den Ton gegenüber Großbritannien. Wilson zog zeitweilig sogar wirtschaftliche Sanktionen wie Export- und Anleihebeschränkungen in Betracht und ließ sich vorsorglich vom Kongress entsprechend autorisieren.[19]

[16] Vgl. Jörn Leonhard, *Die Büchse der Pandora. Geschichte des Ersten Weltkrieges*. München, 2014, S. 299-306, der allerdings darauf verweist, dass der U-Bootkrieg im Mittelmeer erfolgreich gemäß der Prisenordnung geführt wurde; Ross Gregory, *The Origins of American Intervention in the First World War*. New York, 1971, S. 93.
[17] Gregory, *The Origins of American Intervention*, S. 26-46; C. Paul Vincent, *The Politics of Hunger: The Allied Blockade of Germany, 1915-1919*. Athens, OH, 1985.
[18] PWW 33, S. 375-76.
[19] Gregory, *The Origins of American Intervention*, 98-100.

Aus deutscher Sicht erschienen die USA verständlicherweise alles andere als neutral. Nicht nur verurteilte die US-Regierung den deutschen U-Bootkrieg in schärfster Tonart, während sie es gegenüber der britischen „Hungerblockade" bei vergleichsweise milden Protesten beließ. Die Blockade führte außerdem dazu, dass nahezu der gesamte transatlantische US-Handel in die Häfen der Westmächte umgeleitet wurde. Zwischen Juni 1914 und Juni 1917 stiegen die Ausfuhren der USA von 2,3 Milliarden Dollar auf 6,3 Milliarden Dollar. Die Exporte in die alliierten Nationen, ein Großteil davon bestand aus Rüstungsgütern und Lebensmitteln, vervierfachten sich, während der Handel mit den Mittelmächten praktisch zum Erliegen kam. Finanziert wurde ein Großteil der US-Lieferungen über alliierte Anleihen, die private US-Banken auflegten und die sich nach Angaben des Bankhauses J. P. Morgan auf insgesamt etwa 7 Milliarden Dollar summierten.[20] Nicht nur in Deutschland, sondern auch in Teilen der US-Öffentlichkeit wurde die einseitige Neutralität der USA deshalb als Heuchelei angeprangert. Auch in der neueren Historiographie herrscht überwiegend die Auffassung vor, dass Wilsons ebenso einseitige wie expansive Auslegung amerikanischer Neutralitätsrechte den Konflikt mit Deutschland wahrscheinlich, wenn nicht gar unvermeidlich machte.[21]

Die wirtschaftliche Verflechtung zwischen den USA und der Entente ist das Hauptargument einer zweiten, revisionistischen Schule, die Amerikas Kriegseintritt als Verschwörung profitgieriger Waffenproduzenten und Bankiers deutete. Der U-Bootkrieg sei nur ein Vorwand gewesen, Wilson habe sich aus Nai-

[20] Statement des Bankhauses J. P. Morgan vom 7. 1. 1936, Ray Stannard Baker Papers, LC MD, Reel 78; Gregory, *The Origins of American Intervention*, S. 43.

[21] Vgl. Justus D. Doenecke, *Nothing Less Than War: A New History of America's Entry into World War I.* Lexington, KY, 2011; M. Ryan Floyd, *Abandoning American Neutrality: Woodrow Wilson and the Beginning of the Great War August 1914-December 1915.* New York, 2013; Robert W. Tucker, *Woodrow Wilson and the Great War: Reconsidering America's Neutrality, 1914-1917.* Charlottesville, 2007; Gregory, *The Origins of American Intervention*, passim.

vität oder Zynismus zum Handlanger der „Kaufleute des Todes" gemacht. In den 1930er Jahren wurde diese Theorie zur Grundlage der amerikanischen Neutralitätsgesetzgebung, die verhindern sollte, dass die USA ein weiteres Mal in einen europäischen Krieg verwickelt würden. Allerdings gibt es für diese bis heute populäre Verschwörungstheorie keinerlei Beweise. Auch der Untersuchungsausschuss des US-Senats, der zwischen 1934 und 1936 die Rolle der Rüstungsindustrie untersuchte, konnte keinen Einfluss auf die Entscheidungen der Wilson-Administration belegen.[22]

Tatsächlich war Woodrow Wilson ein erklärter Gegner plutokratischer Interessen, seine Innenpolitik seit 1913 zielte ganz entschieden auf die Einschränkung der Macht der Trusts, die nach seiner Auffassung die Freiheit der Amerikaner bedrohten.[23] Dass Amerikas wirtschaftliche Interessen aufseiten der Alliierten lagen, blieb vor allem deshalb nicht ohne Einfluss auf den Präsidenten, weil alle Amerikaner von der Kriegskonjunktur profitierten. Alle Interessengruppen, Weizenfarmer und Baumwollpflanzer nicht weniger als Rüstungsproduzenten und Hochfinanz, drängten darauf, dass die US-Regierung die Handelsinteressen der USA als neutrale Macht verteidigte, nicht aber auf einen Kriegseintritt. Insofern habe, wie ein Vertreter der New Yorker Hochfinanz rückschauend resümierte, der Kriegsboom zwar den amerikanischen Kriegseintritt begünstigt, wirtschaftliche Interessengruppen hätten Wilsons Entscheidungen jedoch weder direkt noch indirekt beeinflusst.[24]

Wäre der US-Präsident, wie es die Verschwörungstheorien in den 1930er insinuierten, eine Marionette kriegslüsterner „Kaufleute des Todes" gewesen, dann hätte er wohl kaum über zwei-

---

[22] Vgl. Doenecke, *Neutrality Policy*, S. 243-46; Gregory, *The Origins of American Intervention*, S. 139.

[23] Wilsons innenpolitisches Reformprogramm trug deshalb den Titel „New Freedom", vgl. umfassend Arthur S. Link, *Wilson*. Bd. 2: *The New Freedom*, Princeton, 1956.

[24] Thomas W. Lamont an Ray Stannard Baker vom 20. 3. 1936, Ray Stannard Baker Papers, LC MD, Reel 78.

einhalb Jahre mit dem Kriegseintritt der USA gewartet, sondern die Empörung der Amerikaner über die Versenkung der *Lusitania* im Frühjahr 1915 genutzt. Tatsächlich behielt der Präsident in der Lusitania-Krise einen kühlen Kopf und sperrte sich gegenüber Forderungen nach Abbruch der Beziehungen oder gar einer militärischen Antwort. Stattdessen erklärte er, Amerika sei „zu stolz, um zu kämpfen", weil seine Sache so gerecht sei, dass sie sich ohne Krieg durchsetzen werde. Die Interventionisten hatten für Wilsons Rhetorik nur Hohn und Spott übrig.[25]

Der in den 1930er Jahren dominierende Revisionismus, demzufolge Wilson die Vereinigten Staaten auf Druck wirtschaftlicher Interessengruppen in den Krieg geführt habe, ohne dass vitale nationale Interessen auf dem Spiel gestanden hätten, findet bis heute ein Echo unter den Historikern, die Amerikas Eintritt in den Krieg als historischen Fehler ersten Ranges sehen. Anstatt der Welt einen demokratischen Frieden zu bringen, so der klassische Topos der Wilson-Kritik, habe Amerika die Machtbalance einseitig zugunsten der Alliierten verändert und dabei geholfen, Deutschland einen Rachefrieden aufzuzwingen, der die Saat für Hitler und den Zweiten Weltkrieg gelegt habe. Der Kriegseintritt sei zudem völlig unnötig gewesen, denn die erschöpften Kriegsparteien hätten ohnehin bald Frieden geschlossen, aus dem die USA allein aufgrund ihrer ökonomischen und finanziellen Potenz als führende Weltmacht hervorgegangen wären.[26]

Eine dritte, dem Realismus nahestehende Denkschule hatte freilich schon unter dem Eindruck des Zweiten Weltkrieges argumentiert, dass der Eintritt der USA in den Ersten Weltkrieg

---

[25] PWW 33, S. 147-150; Tucker, *Woodrow Wilson and the Great War*, S. 108-110.

[26] Dieser Revisionismus ist in den vergangenen Jahren neu erstarkt. Vgl. Richard Striner, *Woodrow Wilson and World War I: A Burden Too Great to Bear.* Lanham, MD, 2014; Burton Y. Pines, *America's Greatest Blunder: The Fateful Decision to Enter World War One.* New York, 2013; Jim Powell, *Wilson's War: How Woodrow Wilson's Great Blunder Led to Hitler, Lenin, Stalin, and World War II.* New York, 2005; Thomas J. Fleming, *The Illusion of Victory: America in World War I.* New York, 2004.

unvermeidlich und gerechtfertigt gewesen sei, weil ein deutscher Sieg und damit eine deutsche Hegemonie in Europa mit
dem langfristigen nationalen Interesse der USA an einer liberal-
demokratischen Weltordnung unvereinbar gewesen sei. Aus der
Sicht einiger Realisten war Wilsons Politik viel zu zögerlich und
inkonsequent. Obwohl der Präsident sich solange wie möglich
an die Rolle des neutralen Vermittlers geklammert habe, sei
echte Neutralität von vorneherein zum Scheitern verurteilt gewesen.[27] Die herrschende Meinung in der neueren Historiografie
lässt sich am besten so zusammenfassen: Auch wenn Amerikas
ökonomische und strategische Interessen eine einseitige Neutralitätspolitik zugunsten der Alliierten bedingten, gab es keinen
Automatismus zum Kriege. Wilsons Neutralitätspolitik sei häufig schwankend und widersprüchlich gewesen, er habe jedoch
solange wie möglich versucht, einen Frieden vermitteln, und
selbst nach der Wiederaufnahme des unbeschränkten U-Boot-
Krieges am 1. Februar 1917 die Hoffnung nicht aufgegeben, die
USA aus dem Krieg heraushalten zu können.[28]

Noch um die Jahreswende 1916/17 hatte Wilson, der im
November 1916 unter der Wahlparole „He kept us out of war!"
wiedergewählt worden war, die kriegführenden Parteien aufge-
fordert, ihre Friedensbedingungen offenzulegen, hatte jedoch
nur ausweichende Antworten erhalten.[29] Am 22. Januar 1917
forderte er in einer großen Rede vor dem US-Senat einen „Frieden ohne Sieg" und skizzierte die Grundlagen seiner neuen
Weltordnung, die auf der Gleichheit und Selbstbestimmung der
Nationen, Abrüstung und kollektiver Sicherheit in einem Bund
der Völker beruhen sollte.[30] Weder das Deutsche Reich noch die

---

[27] Doenecke, *Neutrality Policy*, S. 246-48.

[28] Arthur S. Link, *Wilson*. Bd. 5: *Campaigns for Progressivism and Peace,
1916–1917*. Princeton, 1967; Patrick Devlin, *Too Proud to Fight:
Woodrow Wilson's Neutrality*. New York, 1975; Knock, *To End All Wars*,
S. 105-122; Doenecke, *Nothing Less Than War*, passim; Tucker, *Woodrow
Wilson and the Great War*, S. 221-224.

[29] FRUS 1916, *Supplement The World War*, S. 97-99; Knock, *To End All
Wars*, S. 106-111.

[30] PWW 40, S. 533-39.

Alliierten waren freilich zu einem „Frieden ohne Sieg" bereit,
letztere hofften vielmehr auf einen baldigen Kriegseintritt der
Vereinigten Staaten an ihrer Seite. Entscheidend für den weiteren Verlauf des Krieges wurde der Beschluss des kaiserlichen
Kronrates Anfang Januar 1917, am 1. Februar 1917 den unbeschränkten U-Boot-Krieg wiederaufzunehmen. Diese Entscheidung, die unvermeidlich zu schweren neuen Konflikten mit den
USA führen musste, teilte die Reichsleitung dem US-Präsidenten erst einen Tag vor Beginn der U-Bootoffensive mit. Der US-
Präsident reagierte mit dem Abbruch der diplomatischen Beziehungen und ordnete die Bewaffnung amerikanischer Handelsschiffe an, schreckte aber vor einer Kriegserklärung zurück.[31]

Auch als am 1. März die so genannte „Zimmermann-Depesche" in den USA bekannt wurde, hielt Wilson noch an Amerikas „bewaffneter Neutralität" fest. Der deutsche Staatssekretär
des Äußeren Arthur Zimmermann hatte im Januar Mexiko ein
geheimes Bündnisangebot gegen die USA unterbreitet und der
mexikanischen Regierung darin die Rückgewinnung der US-
Bundesstaaten Texas, Arizona und Neu-Mexiko in Aussicht gestellt, die Mexiko nach dem Krieg von 1846-1848 an die USA
hatte abtreten müssen. Das Telegramm war vom englischen Ge-
heimdienst aufgefangen und Wilson zugeleitet worden, der die
Note veröffentlichen ließ. Die Empörung in der US-Öffentlichkeit war einhellig, zumal das von revolutionären Wirren er-
schütterte Mexiko und die USA bereits seit 1914 immer wieder
am Rande eines Krieges gestanden hatten.[32] Das Zimmermann-
Telegramm gehört zu den spektakulärsten Fehlleistungen deutscher Diplomatie im Ersten Weltkrieg, sein Inhalt klang so un-
glaublich, dass ein Wortführer der Deutschamerikaner es mit
ehrlicher Entrüstung als „krude Fälschung" des britischen Ge-

[31] PWW 41, S. 74-79.
[32] Vgl. Thomas Boghardt, *The Zimmermann Telegram: Intelligence, Diplomacy, and America's Entry into World War I*. Annapolis, MD, 2012;
Martin Nassua, *„Gemeinsame Kriegsführung, gemeinsamer Friedensschluss". Das Zimmermann-Telegramm vom 13. Januar 1917 und der Eintritt der USA in den 1. Weltkrieg*. Frankfurt/M., 1992.

heimdienstes zurückwies, auf die das amerikanische Volk nicht hereinfallen werde.[33] Obwohl auch Wilson mit Wut und Verstörung auf die Zimmermann-Depesche reagierte, fiel sein Entschluss zum Krieg endgültig erst, nachdem deutsche U-Boote zwischen dem 16. und 18. März 1917 drei amerikanische Handelsschiffe versenkt hatten.[34]

Auch die Mehrheit der Amerikaner schwenkte erst Ende März auf Kriegskurs ein. Am 2. April trat der US-Präsident mit seiner Kriegsbotschaft vor den Kongress.[35] Immerhin 56 Abgeordnete und Senatoren stimmten gegen die Kriegserklärung. Scharfe Kritik am Krieg kam von pazifistischen Sozialreformern und von Traditionalisten, die an den Prinzipien Washingtons und Monroes festhalten wollten. Die große Mehrheit im Kongress und in der Bevölkerung unterstützte Wilson vor allem deshalb, weil sie davon überzeugt war, einen Verteidigungskrieg zu führen. Ohne den deutschen Entschluss zum U-Bootkrieg und die Versenkung amerikanischer Schiffe hätte die Wilson-Administration das amerikanische Volk im Frühjahr 1917 nicht in den Krieg gegen das Deutsche Reich führen können, selbst wenn sie dies beabsichtigt hätte.[36]

Warum riskierte die deutsche Führung dann den Krieg mit den USA? Zwei Gründe waren dafür entscheidend. Erstens verband sich mit dem U-Boot-Krieg die Hoffnung, England von der Zufuhr kriegswichtiger Güter abschneiden und zur Aufgabe des Krieges zwingen zu können. Die U-Boote waren die Wunderwaffe, die doch noch den erhofften Sieg bringen sollte. Zweitens unterschätzten die militärischen und politischen Entscheidungsträger sowohl die Entschlossenheit als auch die militärischen Kapazitäten der USA, eine Fehlperzeption, die Wilson schmerzlich bewusst war, wie er Ende 1916 dem US-Botschaf-

---

[33] Georg Sylvester Viereck an U.S. Postmaster General Albert Burleson, 1. 3. 1917, Albert Burleson Papers, LC MD, Box 18.
[34] Vgl. Rodney P. Carlisle, *Sovereignty at Sea: U.S. Merchant Ships and American Entry into World War I.* Gainesville, FL, 2009.
[35] PWW 41, S. 519-27.
[36] Doenecke, *Nothing Less than War*;

ter in Berlin anvertraute.[37] Amerika, so lässt sich das Kalkül der U-Boot-Strategen zusammenfassen, werde vor dem Krieg zurückschrecken. Komme es dennoch zum Krieg, würden die U-Boote Nachschub und Truppentransporte über den Atlantik unterbinden. Bevor die USA ihr militärisches und ökonomisches Potenzial in die Waagschale werfen könnten, habe man England schon in die Knie gezwungen. Nachdem sich die auf Ausgleich mit Amerika bedachte zivile Reichsleitung fast zwei Jahre hatte durchsetzen können, gewann Anfang 1917 die Admiralität mit diesen Argumenten schließlich die Oberhand. Der Kriegseintritt der USA wurde dabei billigend in Kauf genommen.[38]

Vom Krieg zum Frieden

Zunächst schienen die Befürworter des U-Bootkrieges recht zu behalten, denn die alliierten Schiffsverluste übertrafen anfänglich sogar die Prognosen des Admiralstabes, während das US-Militär erst langsam kriegsbereit gemacht werden musste. Ende 1917 schilderte das britische Kriegskabinett die Versorgungslage Großbritanniens gegenüber Repräsentanten der US-Regierung als so verzweifelt, dass nur noch schnelle amerikanische Hilfe die Niederlage abwenden könne. Ohne eine möglichst hohe Zahl von US-Soldaten werde man der erwarteten deutschen Offensive an der Westfront nicht standhalten können.[39] Gleichwohl erwiesen sich die auf den uneingeschränkten U-Boot-Krieg gegründeten deutschen Siegeshoffnungen als gigantisches Fehlkalkül, denn die U-Boote versenkten fast ausschließ-

---

[37] James Gerard an Ray Stannard Baker, 26. 4. 1927, Ray Stannard Baker Papers, LC MD, Reel 75.

[38] Dazu umfassend Karl E. Birnbaum, *Peace Moves and U-Boat Warfare: A Study of Imperial Germany's Policy Towards the United States, April 18, 1916-January 9, 1917.* Stockholm, 1970; zur innerdeutschen Diskussion vgl. auch Manfred Berg, *Gustav Stresemann und die Vereinigten Staaten von Amerika. Weltwirtschaftliche Verflechtung und Revisionspolitik 1907-1929.* Baden Baden 1990, S. 46-69.

[39] Vgl. *Secret Document Reveals Britain's Darkest Hour*, in: Current History XXII (July 1925), S. 513-530, Kopie in: Ray Stannard Baker Papers, LC MD, Box 134.

lich allein fahrende Handelsschiffe. Gegen die durch Konvois und Kriegsschiffe geschützten US-Truppentransporte erzielten sie so gut wie keine Erfolge. Bis zum Kriegsende verschiffte die von General John Pershing befehligte American Expeditionary Force knapp 2,1 Millionen Soldaten nach Europa, weniger als 100 von ihnen starben bei U-Boot-Angriffen.[40]

Aus alliierter Sicht kamen die US-Truppen spät, aber noch gerade rechtzeitig. Zwar verfügten die USA im April 1917 nur über ein kleines Berufsheer und mussten eine einsatzfähige Armee erst aus dem Boden stampfen. Noch Anfang 1918 waren nicht einmal 200 000 US-Soldaten in Europa, die für den Fronteinsatz erst noch ausgebildet werden mussten. In den kriegsentscheidenden Kämpfen an der Westfront im Sommer 1918 jedoch trugen die US-Truppen wesentlich dazu bei, die deutschen Offensiven zu stoppen und das Blatt endgültig zu wenden. Es war nicht nur die Zahl der US-Soldaten – Ende Oktober 1918 standen fast 1,5 Millionen an der Westfront – sondern auch ihre ausgezeichnete Ausrüstung und Ernährung, die ihren abgekämpften und hungernden deutschen Gegnern allmählich jede Siegeszuversicht nahmen. Das unerschöpfliche Reservoir an Material und Truppen, die die USA in die Schlacht werfen konnten, ließ ab Juli/August 1918 kaum mehr Zweifel zu, dass Deutschland den Krieg verlieren würde.[41]

Allerdings erlitten die US-Truppen in den rund sechs Monaten ihrer Kampfeinsätze an der Westfront sehr hohe Verluste. Insgesamt verzeichnete das US-Expeditionskorps im Ersten Weltkrieg 116 000 Tote, 53 000 davon fielen im Kampf, sowie über 200 000 Verwundete. Die Maas-Argonnen Offensive im September und Oktober 1918 wurde mit 26 000 Gefallenen zur blutigsten Schlacht der gesamten amerikanischen Militärgeschichte. Der hohe Blutzoll war zum Teil auf die Unerfahrenheit der *Doughboys*, wie die US-Soldaten des Ersten Weltkrieges genannt wurden, zurückzuführen, doch zahlten sie auch den Preis für die Entscheidung der Wilson-Administration, die US-

[40] Leonhard, *Büchse der Pandora*, S. 828-29.
[41] Leonhard, *Büchse der Pandora*, S. 845-46.

Truppen als eigene Armee mit eigenem Frontabschnitt unter amerikanischem Oberbefehl einzusetzen, um so politische Unabhängigkeit von den Westalliierten zu demonstrieren. Die mit der Kriegführung an der Westfront nicht vertrauten US-Offiziere und Kommandeure setzten noch auf herkömmliche Taktiken wie den frontalen Infanterieangriff, der die Offensiven des Ersten Weltkrieges so extrem verlustreich machte.[42]

Das Bestehen auf einer eigenständigen militärischen Rolle war nicht nur dem amerikanischen Nationalstolz geschuldet. Die Wilson-Administration setzte sich von Anfang an politisch und moralisch von den Westalliierten ab und bezeichnete die USA deshalb nicht als alliierte, sondern als assoziierte Macht. Vor allem wollte sich Wilson von den auf traditioneller Machtpolitik beruhenden Kriegszielen seiner Verbündeten distanzieren.[43] In seiner Kriegsbotschaft an den Kongress begründete der Präsident Amerikas Kriegseintritt mit universalen menschheitlichen Prinzipien, für deren Verteidigung die Nation ihr Blut vergieße. Nicht das deutsche Volk sei Amerikas Feind, sondern die militaristische preußische Autokratie, die allein die Schuld am Krieg trage. Amerika kämpfe nicht aus Rachsucht oder Eigennutz, sondern einzig für den Weltfrieden und die Befreiung aller Völker, einschließlich des deutschen. Nur eine demokratische Welt werde eine friedliche sein: „The world must be made safe for democracy", wie Wilson sein berühmtes Credo formulierte.[44]

Bei der Verkündung seines liberalen Internationalismus verbreitete der aus einer Pfarrersfamilie stammende Präsident häu-

---

[42] Paul F. Braim, *The Test of Battle: The American Expeditionary Forces in the Meuse-Argonne Campaign.* Shippensburg, PA, 1998; Robert H. Ferrell, *America's Deadliest Battle: Meuse-Argonne, 1918.* Lawrence, KS, 2007; David F. Trask, *The AEF and Coalition War Making, 1917-1918.* Lawrence, KS, 1993; Mark E. Grotelueschen, *The AEF Way of War: The American Army and Combat in World War I.* New York, 2007; Jennifer D. Keene, *World War I: The American Soldier Experience.* Lincoln, NE, 2011.

[43] Robert H. Ferrell, *Woodrow Wilson and World War I*, 1917-1921. New York, 1986, S. 37.

[44] PWW 41, S. 519-27, 525.

fig eine Aura der Selbstgerechtigkeit, die viele Europäer, Gegner wie Verbündete, als Heuchelei empfanden, hinter der sich handfeste Interessen verbargen. Der französische Ministerpräsident Georges Clemenceau, Wilsons härtester Gegenspieler auf der Pariser Friedenskonferenz, bemerkte einmal, wenn man mit Wilson rede, habe man das Gefühl mit Jesus Christus persönlich zu sprechen.[45] Es wäre jedoch verfehlt, Wilsons Kriegsbotschaft und sein Friedensprogramm als Heuchelei abzutun, und zwar nicht nur, weil der Präsident zutiefst von seinen Worten überzeugt war. Wilsons „Neue Diplomatie" und sein Versprechen eines dauerhaften Friedens zwischen demokratischen Nationen trafen den Nerv der kriegsmüden Völker, in den Jahren 1917 bis 1919 war Woodrow Wilson der führende internationale Staatsmann, von dem sich die Menschen in der ganzen Welt Frieden und Gerechtigkeit erhofften. Als Wilson Anfang Dezember 1918 in Europa eintraf, begrüßten ihn Millionen wie einen Messias.[46] Umso größer war die Enttäuschung, als die Hoffnungen auf einen „Wilson-Frieden" an den harten Realitäten der Machtpolitik scheiterten. Aus der Rückschau jedoch markiert der Wilsonsche Internationalismus eine Zäsur im weltpolitischen Selbstverständnis der USA. Von nun an war Amerikas Mission nicht mehr allein, der Welt das Vorbild einer freien demokratischen Nation zu geben, sondern die USA verpflichteten sich, durch aktives Handeln eine liberal-demokratische Weltordnung zu schaffen. Damit prägte Wilson das bis heute vorherrschende diskursive Muster amerikanischer Selbstdeutung in Krieg und Frieden.[47]

---

[45] Knock, *To End All Wars*, S. 199.
[46] Knock, *To End All Wars*, S. 194.
[47] Frank A. Ninkovich, *The Wilsonian Century: U.S. Foreign Policy since 1900*. Chicago, 1999; Amos Perlmutter, *Making the World Safe for Democracy. A Century of Wilsonianism and Its Totalitarian Challengers*. Chapel Hill, 1997; in kritischer Perspektive , Lloyd E. Ambrosius, *Wilsonianism: Woodrow Wilson and His Legacy in American Foreign Relations*. New York, 2002.

Für die Westalliierten war der amerikanische Kriegseintritt
ein Gottesgeschenk, zumal Russland als Verbündeter ab dem
Spätsommer 1917 praktisch ausfiel. In der militärischen Krise
der Entente vom Herbst 1917 bis zum Frühsommer 1918 war
die Hoffnung auf Amerika die wohl wichtigste Quelle alliierter
Zuversicht. Dies bedeutet freilich nicht, dass sich die Alliierten
mit Wilsons Friedensvorstellungen identifizierten. Auch der
Präsident war sich bewusst, dass seine Verbündeten einen Straf-
und Machtfrieden anstrebten, der ihnen territoriale Gewinne,
Reparationen und Sicherheit vor Deutschland garantierte. Mit
der Verkündung seines Vierzehn-Punkte-Friedensprogramms im
Januar 1918 versuchte Wilson deshalb, die Alliierten im Grund-
satz auf seine Vorstellungen von einer zukünftigen Friedensordnung zu verpflichten. Das Programm enthielt allgemeine liberale Prinzipien wie den Freihandel und die Freiheit der Meere
sowie, implizit, das Selbstbestimmungsrecht der Völker, dessen
konkrete Anwendung aber, dies war offenkundig, zum Ende des
Habsburgerreiches und zu erheblichen Gebietsverlusten für das
Deutsche Reich führen würden. Das Kernstück war die Schaffung eines Völkerbundes als künftiger Garant des Friedens.[48]

Wilsons Vierzehn-Punkte blieben zunächst ohne konkrete
Folgen. Die Westalliierten wollten sich nicht festlegen, und die
Bolschewiki zogen einen Separatfrieden mit Deutschland vor,
das seinerseits Wilsons Programm ignorierte, solange es noch
auf den Sieg hoffte. Erst als die militärische Lage im September
1918 aussichtslos geworden war, akzeptierte die Reichsleitung
die Vierzehn Punkte und bat den US-Präsidenten, auf dieser
Grundlage einen Waffenstillstand zu vermitteln. Nur war Wilson eben kein unparteiischer Vermittler, sondern Kriegsgegner,
für den die militärische Sicherheit vor Deutschland Priorität
hatte und der die Entmachtung der militärischen und monarchi-
schen Führung des Reiches als Voraussetzung von Friedensver-
handlungen verlangte, eine Forderung, die mit der Novemberre-

---

[48] PWW 45, S. 534-539; *Knock, To End All Wars*, S. 140-47.

volution 1918 schneller und radikaler Wirklichkeit wurde, als es der US-Präsident selbst gewollt hatte.[49]

Die deutsche Hoffnung, der Sturz der Hohenzollern werde dem Reich einen milden Wilson-Frieden bescheren, wurde auf der Pariser Friedenskonferenz bekanntlich bitter enttäuscht. Der US-Präsident wurde in Deutschland zur Hassfigur, der man Wortbruch vorwarf, weil sich das Reich im Vertrauen auf das Vierzehn-Punkte-Programm waffenlos gemacht habe und dann zu einem schändlichen Diktatfrieden gezwungen worden sei.[50]

Tatsächlich handelte es sich bei Wilsons angeblichem Betrug vor allem um deutschen Selbstbetrug. Denn trotz seines enormen Prestiges und der überragenden Machtstellung der USA am Ende des Krieges konnte der US-Präsident seinen europäischen Verbündeten nicht einfach die Friedensbedingungen diktieren. Daher war der Versailler Vertrag ein Kompromiss zwischen den Vorstellungen Wilsons und dem Straf- und Rachefrieden, den Georges Clemenceau, David Lloyd George und Vittorio Orlando anstrebten. So stemmte sich der US-Präsident mit Erfolg gegen die französische Forderung nach Abtrennung des Rheinlandes und des Saargebietes vom Reich und drohte offen mit seiner Abreise, wenn Clemenceau nicht nachgab. Gewiss verstieß der Versailler Vertrag in wichtigen Punkten gegen Geist und Buchstaben der Vierzehn Punkte, aber dass er trotz aller Härten Deutschland seine staatliche Integrität und sein Potenzial als europäische Großmacht beließ, war primär Woodrow Wilson zuzuschreiben.[51]

---

[49] Zum deutsch-amerikanischen Notenwechsel im Oktober und November 1918 vgl. FRUS 1918, *Supplement The World War*, S. 338, 381-84, 468-69; umfassend Klaus Schwabe, *Deutsche Revolution und Wilson-Frieden. Die amerikanische und deutsche Friedensstrategie zwischen Ideologie und Machtpolitik 1918/19*. Düsseldorf, 1971.

[50] Schwabe, *Deutsche Revolution und Wilson-Frieden*, S. 521-651.

[51] Das zeitgenössische und historiografische Schrifttum zu Wilsons Rolle auf der Pariser Friedenskonferenz ist enorm. Vgl. den Überblick bei Klaus Schwabe, *Negotiating Peace Terms for Germany*, in: Kennedy, *A Companion to Woodrow Wilson*, S. 445-69. Umfassend Arthur Walworth, *Wilson*

Wilson hatte den Alliierten vor allem deshalb weitreichende Konzessionen gemacht, um sein wichtigstes Projekt sicherzustellen, die Schaffung des Völkerbundes. Dass der US-Kongress schließlich die Ratifizierung der Völkerbundsatzung ablehnte, wurde zur persönlichen Tragödie für den Präsidenten und zum schweren Schlag für die Nachkriegsordnung. Die Verantwortung für sein Scheitern fällt freilich zum Teil auf Wilsons Kompromissunfähigkeit zurück. Obwohl die oppositionellen Republikaner die Kongresswahlen 1918 gewonnen hatten und obwohl er wusste, dass der künftige Friedensvertrag im Senat eine Zweidrittelmehrheit benötigte, holte der Präsidenten nicht einen einzigen Republikaner in die US-Friedensdelegation und machte keinerlei Anstalten, den mächtigen Vorsitzenden des auswärtigen Ausschusses, den republikanischen Senator Henry Cabot Lodge, einzubinden. Da die Republikaner sich bereits vor Beginn der Konferenz von seinem Friedensprogramm distanziert hätten, so Wilsons Argument, habe es keinen Sinn, sie einbinden zu wollen. Wilsons Gegner bestritten dem Präsidenten ihrerseits die Autorität, überhaupt noch für das amerikanische Volk zu sprechen, ja überhaupt das Land zu verlassen.[52] Nach Ende der Friedenskonferenz im Juni 1919 formierte sich unter Lodges Führung sofort die Opposition gegen den Versailler Vertrag im Kongress. Wilson beschloss darauf hin, direkt an das amerikanische Volk zu appellieren, und begab sich auf eine Rundreise durch die USA, um bei Massenkundgebungen für den Völkerbund zu werben. Im Oktober 1919 erlitt er jedoch einen Schlaganfall, der ihn in den kommenden Monaten ans Krankenbett fesselte.[53]

---

and His Peacemakers: American Diplomacy at the Paris Peace Conference 1919. New York, 1986; Knock, To End All Wars, S. 248.

[52] Knock, To End All Wars, S. 189-93. Die Behauptung, dass ein amtierender Präsident das Land nicht verlassen durfte, war verfassungsrechtlich unhaltbar, vgl. David Hunter Miller, Some Legal Aspects of the Visit of President Wilson to Paris, in: Harvard Law Review 36 (1922), S. 51-78.

[53] Wilsons Krankheit und ihre Folgen für seine Handlungsfähigkeit sind immer wieder als Grund für sein politisches Scheitern im Kampf für den Völkerbund angeführt worden. Vgl. Edwin A. Weinstein, Woodrow Wil-

Die Opposition gegen den Versailler Vertrag kam aus sehr unterschiedlichen Richtungen und reichte von enttäuschten Wilson-Anhängern, die ihm vorwarfen, seine Prinzipien verraten zu haben, bis zu traditionellen Isolationisten.[54] Im Zentrum der Debatten stand Artikel 10 der Völkerbundsatzung, der die Mitgliedsstaaten ganz allgemein zum gegenseitigen Beistand gegen äußere Angriffe verpflichtete. Viele Amerikaner fürchteten jedoch, dass US-Soldaten auf Geheiß des Völkerbundes bald überall auf der Welt kämpfen müssten. Die traditionellen Isolationisten sahen in Artikel 10 eine inakzeptable Einschränkung der amerikanischen Souveränität und lehnten den Völkerbund rundweg ab. Für US-Senator William Borah aus Idaho, den Wortführer der unversöhnlichen Gegner des Friedensvertrages, war der Völkerbund schlechterdings Landesverrat, weil er die USA ausländischen Mächten ausliefern werde.[55] Die Mehrheit der Republikaner war unter Vorbehalten zur Ratifizierung bereit, sofern klar gestellt worden wäre, dass die Rechte des Kongresses und die Souveränität der Vereinigten Staaten durch Artikel 10 nicht tangiert würden. Wilson jedoch lehnte derartige Einschränkungen als Verwässerung seines Friedenswerkes ab und schwor seine Anhänger darauf ein, gegen alle Zusätze zu stimmen. Seine Witwe berichtete später, sie selbst habe den Präsidenten überzeugen wollen, einigen Zusätzen zuzustimmen, doch habe der Präsident dies mit dem Argument abgelehnt, wenn er Vorbehalte akzeptiere, müsse man dieses Recht auch

---

son, a Medical and Psychological Biography. Princeton, 1981; Knock, To End All Wars, S. 259-68.

[54] Der innenpolitische Kampf um den Völkerbund ist unter Historikern ähnlich kontrovers wie die Neutralitätspolitik, vgl. John M. Cooper, The League Fight, in: Kennedy, A Companion to Woodrow Wilson, S. 518-27. Die beiden wichtigsten Werke sind Lloyd E. Ambrosius, Woodrow Wilson and the American Diplomatic Tradition: The Treaty Fight in Perspective. New York, 1987; John M. Cooper, Breaking the Heart of the World: Woodrow Wilson and the Fight for the League of Nations. New York, 2001.

[55] William E. Borah an Frank S. Rea, 19.6. 1919, in: William E. Borah Papers, LC MD, Box 767.

den anderen Nationen geben. Wilson sei sich über die Mängel des Friedensvertrages völlig im Klaren gewesen, aber er hielt ihn für den bestmöglichen Kompromiss, dessen Fehler korrigiert werden würden, sobald die Welt wieder zur Vernunft komme.[56] Im März 1920 scheiterten der Völkerbund und damit der gesamte Friedensvertrag im US-Senat an einer unechten Mehrheit von unversöhnlichen Gegnern und kompromisslosen Anhängern des Präsidenten.

Die Folgen waren gravierend. Die USA hatten durch ihr ökonomisches und militärisches Potenzial den Ersten Weltkrieg entschieden und gingen aus ihm als die wirtschaftlich und finanziell führende Macht der Welt hervor. Die Architektur der europäischen Friedensordnung war entscheidend durch den US-Präsidenten geprägt worden, ihre Stabilität hing davon ab, dass Amerika eine tragende Rolle spielen würde. Der sicherheitspolitische Rückzug der USA aus Europa war daher ein schwerer Schlag für die Hoffnung auf einen dauerhaften Frieden, auch wenn die USA in den 1920er Jahren eine Politik der wirtschaftlichen und finanziellen Stabilisierung Deutschlands und Europas betrieben.[57]

Die Heimatfront: Die Rückwirkungen des Ersten Weltkrieges auf die amerikanische Gesellschaft

Das Scheitern des Völkerbundes spiegelte allerdings eine veränderte Grundstimmung der amerikanischen Bevölkerung wider, die sich nach den Aufregungen des Weltkrieges eine Rückkehr zur Normalität wünschte – der Slogan, mit dem der Republikaner Warren G. Harding im November 1920 die Präsidentschaftswahlen gewann. Damit ist das dritte Thema dieses Aufsatzes angesprochen, die Rückwirkungen des Ersten Weltkrie-

---

[56] Ray Stannard Baker, Memorandum of Conversation with Mrs. Woodrow Wilson, 27. 1. 1925, Ray Stannard Baker Papers, LC MD, Reel 84.

[57] Frank Costigliola, *Awkward Dominion: American Political, Economic, and Cultural Relations with Europe, 1919-1933*. Ithaca, NY, 1984; Werner Link, *Die amerikanische Stabilisierungspolitik in Deutschland 1921-1932*. Düsseldorf 1970.

ges auf die amerikanische Gesellschaft. Obwohl die USA nur gut eineinhalb Jahre am Ersten Weltkrieg teilnahmen, erlebten die Amerikaner den größten wirtschaftlichen militärischen und ideologischen Mobilisierungsschub seit dem Bürgerkrieg. Erstmals seit 1865 wurde wieder die Wehrpflicht eingeführt. 24 Millionen Männer mussten sich registrieren lassen, knapp drei Millionen tatsächlich einrücken. Im Unterschied zum Bürgerkrieg, als die Wehrpflicht extrem unpopulär war und gewaltsame Unruhen auslöste, gab es im Ersten Weltkrieg keinen offenen Widerstand, allerdings versuchten insbesondere im Süden zahlreiche Männer sich der Einberufung zu entziehen. Wehrdienstverweigerer aus religiösen Gründen mussten Dienst ohne Waffe leisten.[58]

Die Kriegswirtschaft wurde durch das War Industries Board unter Leitung des Wall-Street-Bankiers Bernard Baruch koordiniert. Der Wettbewerb wurde zeitweilig suspendiert, Preise und Profite festgesetzt und rund ein Fünftel der amerikanischen Wirtschaftsleistung in den militärischen Sektor umgeleitet. Die Produktion von Nahrungsmitteln unterstand einer neu geschaffenen Bundesbehörde, einige Güter wurden rationiert. Grundsätzlich jedoch wurde der freiwilligen Kooperation zwischen Wirtschaft und Regierung der Vorzug gegeben. Davon, dass die Privatwirtschaft den öffentlichen Sektor einseitig ihren Profitinteressen unterworfen hätte, kann kaum die Rede sein. Die Wilson-Administration erhöhte im Oktober 1917 den Spitzensteuersatz von 13 % auf 50 % und schöpfte Gewinne der Kriegsindustrien so konsequent ab, dass die USA immerhin 25 % ihrer Kriegskosten durch Steuern decken konnten. Der Kriegsboom

---

[58] Zu den Rückwirkungen des Ersten Weltkrieges auf die amerikanische Gesellschaft, vgl. Christopher Capozzola, *Uncle Sam Wants You. World War I and the Making of the Modern American Citizen*. New York, 2008; David M. Kennedy, *Over Here: The First World War and American Society*. New York, 2004; Robert H. Zieger, *America's Great War : World War I and the American Experience*. Lanham, MD, 2000. Zum Widerstand gegen die Wehrpflicht im Süden, vgl. Jeanette Keith, *Rich Man's War, Poor Man's Fight : Race, Class, and Power in the Rural South During the First World War*. Chapel Hill, 2004.

steigerte die industrielle und landwirtschaftliche Produktion in neue Höhen, sein abruptes Ende führte aber nach dem Krieg zu einer schweren Demobilisierungskrise.[59]

Die propagandistische Mobilisierung übernahm das Committee on Public Information (CPI) unter Leitung des Journalisten und Wilson-Vertrauten George C. Creel. Das CPI forderte die Amerikaner erfolgreich zur Zeichnung von Kriegsanleihen auf, deren Volumen mit 21 Milliarden Dollar etwa 60 % der Kriegskosten deckte. Das CPI publizierte Zeitungen und Pamphlete, organisierte öffentliche Vorträge im ganzen Land und produzierte unzählige Propagandafilme. Auch die aufstrebende Filmindustrie ritt auf der patriotischen Welle und produzierte so genannte „Hate the Hun"! Filme mit Titeln wie *The Kaiser: The Beast of Berlin* oder *To Hell with the Kaiser!*[60]

Die Kriegspropaganda entfachte im ganzen Land eine antideutsche Hysterie. Superpatrioten versuchten, die deutsche Kultur und Sprache aus dem amerikanischen Leben zu verbannen. Bücher deutscher Autoren wurden aus öffentlichen Bibliotheken entfernt, Musikstücke deutscher Komponisten von Konzertprogrammen gestrichen und in zahlreichen öffentlichen Schulen sogar der Deutschunterricht verboten. Sauerkraut hieß von nun an „liberty cabage"! Besonders hart traf es die Deutschamerikaner, die kollektiv unter den Verdacht der Illoyalität gerieten. Ihre politischen Organisationen wurden aufgelöst, und sie gerieten unter immensen Druck, ihren Patriotismus zu demonstrieren, indem sie Kriegsanleihen zeichneten und bei jeder Gelegenheit die Flagge grüßten. In Illinois lynchte ein Mob den jungen Einwanderer Robert Prager, weil er angeblich „illoyale Be-

---

[59] Robert Cuff, *The War Industries Board: Business-Government Relations during Worl War I.* Baltimore, 1973; zu den historiografischen Debatten um die Kriegswirtschaft, vgl. Mark R.Wilson, *Economic Mobilization,* in: Kennedy, *A Companion to Woodrow Wilson,* S. 289-307, 300.

[60] Stephen Vaughn, *Holding Fast the Inner Lines: Democracy, Nationalism, and the Committee on Public Information.* Chapel Hill, 1980; Alan Axelrod, *Selling the Great War: The Making of American Propaganda.* New York, 2009.

merkungen" gemacht haben sollte. Zwar wurden die Mörder angeklagt, aber ein Schwurgericht sprach sie frei. Die antideutsche Hysterie ebbte zwar nach dem Krieg wieder ab, für die ethnische und kulturelle Identität der deutschstämmigen US-Bürger markierte sie jedoch eine scharfe Zäsur.[61]

Auch Pazifisten und Sozialisten sahen sich Repressalien ausgesetzt. Das im Juni 1917 verabschiedete „Gesetz gegen die Spionage" erlaubte Zensur und bedrohte unter anderem den Aufruf zur Kriegsdienstverweigerung mit bis zu zwanzig Jahren Gefängnis. Der Sozialistenführer Eugene Debs, der Wilsons Kreuzzug für die Demokratie als Heuchelei kritisiert hatte, wurde 1918 zu zehn Jahren Gefängnis verurteilt, allerdings bereits 1921 begnadigt. Es nutzte wenig, dass Dissidenten darauf bestanden, dass es der amerikanischen Demokratie im Kampf für die Demokratie gut anstehe, eine demokratische Opposition zu tolerieren.[62] Zwischen Juni 1917 und Mai 1918 wurden mindestens 44 Zeitungen, die meisten davon mit sozialistischer Tendenz, von der Beförderung durch die US-Post ausgeschlossen, was einem De-facto-Verbot sehr nahe kam. Viele der Zeitungen waren fremdsprachlich, neben deutschsprachigen auch einige italienische, spanische und tschechische Blätter.[63] Bisweilen trieb die Zensur bunte Blüten, etwa mit dem Verbot eines Spielfilms über den Unabhängigkeitskrieg, in dem ein Massaker britischer Truppen an Zivilisten dargestellt wurde. Obwohl die geschilderten Gräuel offenkundig den angeblichen deutschen Kriegsverbrechen in Belgien nachempfunden waren, befand ein

---

[61] Don Tolzmann, Hg., *German-Americans in the World Wars: The Anti-German Hysteria of World War One*. 5 Bde. München, 1995; Katja Wüstenbecker, *Deutsch-Amerikaner im Ersten Weltkrieg: US-Politik und nationale Identitäten im Mittleren Westen*. Stuttgart, 2007; Manfred Berg, *Lynchjustiz in den USA*. Hamburg, 2014, S. 183-85.

[62] Victor Berger an Postmaster General Albert Burleson,12. 7. 1917, Albert Burleson Papers, LC MD, Box 19. Zur Einschränkung der Bürgerfreiheiten allgemein Paul L. Murphy, *World War I and the Origins of Civil Liberties in the United States*. New York, 1979.

[63] Die Liste des U. S. Post Office Department vom 18. 5. 1918 in: Albert Burleson Papers, Box 20.

Gericht das Verbot für rechtmäßig, weil der Film die Beziehungen zum Kriegsalliierten Großbritannien belasten könne.[64] Die Furcht vor Subversion überdauerte das Kriegsende, auf das eine Streikwelle und von Unbekannten verübte Bombenattentate auf Politiker und Wirtschaftsführer folgten. In dieser so genannten *Red Scare* ordnete der Justizminister Massenverhaftungen an und ließ radikale Einwanderer in das bolschewistische Russland deportieren, dem die US-Regierung die Absicht unterstellte, die Weltrevolution nach Nordamerika exportieren zu wollen.[65]

Die als *Great Migration* bezeichnete Zuwanderung einer halben Million Afroamerikaner aus dem Süden in die Industriestädte des Nordens und Mittleren Westens führte zu scharfer Konkurrenz um Arbeitsplätze und Wohnraum und resultierte in Rassenspannungen, die sich bis in die Nachkriegszeit hinein in blutigen „Rassenunruhen" entluden. Im Juli 1917 fiel ein weißer Mob in East St. Louis über ein schwarzes Wohnviertel her, setzte zahlreiche Häuser in Brand und ermordete mindestens neununddreißig Afroamerikaner. Im Sommer 1919 kam es in Chicago zu wochenlangen Zusammenstößen zwischen Weißen und Schwarzen mit zahlreichen Toten und Verletzten.[66]

Der amerikanische „Kreuzzug" für die Demokratie weckte in der afroamerikanischen Bevölkerung die Hoffnung, sich durch Patriotismus staatsbürgerliche Rechte sichern zu können. Prominente Bürgerrechtler riefen die Afroamerikaner dazu auf, „die Reihen mit unseren weißen Landsleuten zu schließen". Tatsächlich sahen sich die rund 50.000 schwarzen US-Soldaten, die 1917/18 in Europa dienten, permanenter Diskriminierung und Schikane ausgesetzt; ein Geheimdossier der US-Armee für die

---

[64] U. S. District Court, Southern District of California, USA vs. Motion Picture Film The Spirit of '76', 30. 11. 1917, in: Albert Burleson Papers, Box 20.

[65] Regin Schmidt, *Red Scare: FBI and the Origins of Anticommunism in the United States*. Copenhagen, 2000.

[66] Elliott Rudwick, *Race Riot at East St. Louis July 2, 1917*. Urbana, IL, 1982; William M. Tuttle, *Race Riot: Chicago in the Red Summer of 1919*. New York, 1972; Eric Arnesen, *Black Protest and the Great Migration: A Brief History with Documents*. Boston, 2003.

französischen Behörden diffamierte sie sogar als potenzielle Vergewaltiger. Dennoch war der Erste Weltkrieg ein wichtiger Katalysator für den schwarzen Bürgerrechtskampf. Die schwarzen Soldaten der Demokratie, schrieb der Bürgerrechtler W. E. B. Du Bois 1919 kehrten zurück, um sich zuhause die Demokratie zu erkämpfen.[67]

Für die amerikanische Frauenwahlrechtsbewegung brachte der Erste Weltkrieg dagegen den ersehnten Durchbruch. Frauen hatten sich in großer Zahl freiwillig zum Sanitätsdienst gemeldet, sie hatten Hilfs- und Betreuungsdienste für Soldaten organisiert und sich an der Propagandaarbeit beteiligt. Der Forderung, dass die loyalen Amerikanerinnen nun endlich auch in den Genuss der von Wilson proklamierten demokratischen Rechte kommen mussten, konnte sich schließlich auch der Präsident nicht entziehen, der im September 1918 den US-Senat zur schnellen Ratifizierung eines Verfassungszusatzes zur Einführung des Frauenwahlrechts drängte, die er als kriegswichtige Maßnahme bezeichnete. Zwar trat das Frauenwahlrecht erst 1920 in Kraft, aber die politische und ideologische Mobilisierung im Weltkrieg hatte der Wahlrechtsbewegung den entscheidenden Schub gegeben.[68]

Auch den Anhängern der Alkoholprohibition gelang es, den Krieg für ihre Ziele zu instrumentalisieren und einen Verfassungszusatz durchzusetzen, der 1919 ein nahezu völliges Alkoholverbot in den USA einführte. Der Alkohol, so das Hauptargument der Prohibitionisten, bedrohe Wehrkraft und Wachsamkeit der amerikanischen Nation. Dabei kam ihnen zugute, dass die Brauereiindustrie weitgehend in der Hand von Deutschamerikanern war, die durch die Kriegshysterie politisch ausgeschaltet wurden. Das Experiment der Prohibition scheiterte

---

[67] Manfred Berg, *The Ticket to Freedom: The NAACP and the Struggle for Black Political Integration*, Gainesville, FL, 2005, S. 23-25; Adriane D. Lentz-Smith, *Freedom Struggle*: *African Americans and World War I.* Cambridge, Mass., 2009.

[68] PWW 51, S. 158-61; Kimberly Jensen, *Mobilizing Minerva: American Women in the First World War.* Urbana: University of Illinois Press, 2008.

bekanntlich auf der ganzen Linie und wurde 1933 wieder aufgegeben.[69]

Fazit

In Wilsons Kreuzzug für die Demokratie wie in der Mobilisierung der amerikanischen Gesellschaft im Ersten Weltkrieg kul-
minierte der Reformeifer der so genannten *Progressive Era*, der
Amerika seit der Jahrhundertwende geprägt hatte. Die Desillu-
sionierung, die bald nach dem Friedensschluss einsetzte, erzeugte bei vielen Amerikanern ein Gefühl des Überdrusses und
den Wunsch nach Normalität. Diese zeitgenössische Gefühls-
lage prägt bis heute auch die kollektive Erinnerung an Amerikas
Rolle im Ersten Weltkrieg, der im öffentlichen Bewusstsein
deutlich hinter dem Bürgerkrieg und dem Zweiten Weltkrieg zu-
rücksteht. Auf der National Mall in Washington, D. C. findet
sich das Lincoln Memorial, das an den Bürgerkrieg erinnert, das
Vietnam War Memorial, das Korean War Memorial und das
World War II Memorial, aber kein nationales Denkmal, das an
den Ersten Weltkrieg erinnert. Am Rande der Mall findet sich
lediglich ein eher unscheinbares Denkmal, das District of
Columbia War Memorial, das den Veteranen und Gefallenen
des Ersten Weltkrieges aus der US-Hauptstadt gewidmet ist. Die
National World War I Memorial Foundation betreibt seit 2008
Lobbyarbeit für ein nationales Denkmal. In Kansas City gibt es
immerhin das 1926 errichtete Liberty Memorial, dort wurde
2006 auch das National World War I Museum eröffnet.[70] Doch
ansonsten ist die Erinnerungskultur an den Ersten Weltkrieg in
den USA vergleichsweise schwach. Die wenigen neueren Publikationen zur amerikanischen Erinnerung an den Großen Krieg
sprechen bedauernd von den „vergessenen Soldaten", deren
Heldentum und entscheidender Beitrag zum Sieg nicht aus-

---

[69] Thomas Welskopp, *Amerikas große Ernüchterung. Eine Kulturgeschichte der Prohibition*. Paderborn, 2010.
[70] http://dc.about.com/od/monuments/a/DCWarMemorial.htm;
http://wwimemorial.org/quest/; https://theworldwar.org/.

reichend gewürdigt werde.[71] In der Tat verbindet sich für die Amerikaner mit dem Ersten Weltkrieg keine heroische Geschichtserzählung, die den Krieg im nationalen Bewusstsein verankert; kein Ereignis, das, wie Pearl Harbor, Amerikas Kriegseintritt intuitiv verständlich machte; kein dämonischer Feind, wie Hitler, der bis heute die Fantasien beflügelt; keine Heldentat wie die Landung in der Normandie. Stattdessen dominiert bis heute die Erzählung vom negativen Lehrstück, vom gewonnen Krieg, der mit einem verlorenen Frieden endete, und vom Scheitern des Wilsonschen Idealismus an den harten Realitäten der Weltpolitik und am Unwillen des amerikanischen Volkes zur Übernahme internationaler Verantwortung. Auch Woodrow Wilson bleibt unter Historikern umstritten. Realisten haben Wilsons Missionseifer immer skeptisch beurteilt, doch nach dem Ende des Kalten Krieges setzte eine Wilson-Renaissance ein, da Amerikas Triumph über seine totalitären Herausforderer Wilsons liberalen Internationalismus historisch gerechtfertigt habe. Nach den Terroranschlägen vom 11. September 2001 beriefen sich auch die Neokonservativen um Präsident George W. Bush auf Wilsons Erbe, als sie die Demokratisierung der arabisch-islamischen Welt auf ihre Fahnen schrieben, während sich liberale „Wilsonians" gegen den Missbrauch ihres Helden wehrten.[72] Auch wenn viele Amerikaner den Ersten Weltkrieg vergessen haben mögen, für die Geschichte und Gegenwart der Weltmacht USA bleibt er unverändert bedeutsam.

---

[71] Richard Rubin, *The Last of the Doughboys: The Forgotten Generation and Their Forgotten World War*. Boston, 2013; Mark A. Snell, *Unknown Soldiers: The American Expeditionary Forces in Memory and Remembrance*. Kent, OH, 2008.
[72] Lloyd E. Ambrosius, Woodrow Wilson and George W. Bush: *Historical Comparisons of Ends and Means in Their Foreign Policies*, in: *Diplomatic History* 30 (2006), S. 509–43.

STEFANIE VAN DE KERKHOF

Kriegswirtschaft – Der Erste Weltkrieg und seine Folgen für Unternehmen und Konsum

Gerne habe ich die Möglichkeit wahrgenommen, im Rahmen des „Studium Generale" zum Thema „Erster Weltkrieg" neuere Forschungen aus der Perspektive der Wirtschafts-, Unternehmens- und Sozialgeschichte zu präsentieren.[1] Denn der Große Krieg, wie die Franzosen und Engländer ihn nennen, war der erste industrialisierte Krieg mit spürbaren weltweiten Auswirkungen. Nicht nur private und staatliche Unternehmen, sondern auch die Konsumformen der einfachen Menschen veränderten sich in und durch die Kriegswirtschaft, wie im folgenden Zitat aus dem Jahr 1916 ersichtlich wird:

> Was kommen mußte, ist eingetreten: *der Hunger!* In Leipzig, in Berlin […] und […] an vielen anderen Orten gibt es Krawalle der hungernden Menge vor den Läden mit Lebensmitteln. […] Auf das Verbrechen der Anzettlung eines Weltkrieges wurde ein weiteres gehäuft: die Regierung tat nichts, um dieser Hungersnot zu begegnen. […] Jetzt vertröstet man uns auf die kommende Ernte: alle Not werde ein Ende haben, wenn die neue Frucht da ist. […] Die besetzten Gebiete sind kahl gefressen. Die Menschen sterben bereits Hunger in Polen und in Serbien. Die neutralen Staaten sperren die Ausfuhr hermetisch ab, weil sie selbst Mangel leiden.

---

[1] Wie in dieser Reihe üblich, wurde die Vortragsform beibehalten und nur um einige wesentliche Anmerkungen ergänzt. Ausführlichere Belege finden sich in meinem Aufsatz: *Von der Friedens- zur Kriegswirtschaft. Erträge und Desiderate einer Wirtschafts- und Sozialgeschichte des Ersten Weltkriegs*, in: Herrebout, Els (Red.): *Annalen/Internationale Archivsymposien in Ede (NL) (2010) und Lüttich (B) (2011)*, Brüssel 2012, S. 227-247.

> Die einheimische Ernte kann nicht viel liefern, denn die Felder
> wurden aus Mangel an Arbeitskräften, an Dünger und Saatgut
> schlecht bestellt. Die Viehstände sind gering [...] Man kann noch
> ein halbes Jahr, vielleicht noch ein ganzes Jahr Krieg führen, indem
> man die Menschen langsam verhungern läßt.[2]

Sie sehen hier, wie in einem Brennglas fokussiert, die Auswirkungen des Ersten Weltkriegs und der Kriegswirtschaft auf die
deutsche Bevölkerung. Diese materiellen Konsequenzen des
Krieges wurden im Verlauf des Krieges immer spürbarer und
entluden sich auch politisch in Form von öffentlichen Protesten
und Streiks. Die bescheidene Qualität von Steckrüben, Zicho-
rien-Kaffee oder der Tausch von Gold für Eisen sind für die
Mangelwirtschaft dieser Zeit bis heute nahezu sprichwörtlich.
Die wirtschaftlichen und sozialen Ursachen und Folgen des
Krieges beschäftigten mich nicht nur in meiner Dissertation zu
den Strategien der Schwerindustrie im Kaiserreich, sondern sind
auch Bestandteil aktueller Forschungen.[3]

Vor diesem Hintergrund möchte ich mit Ihnen heute disku-
tieren, welche Chancen in der stärkeren Einbeziehung wirt-
schafts- und unternehmenshistorischer Fragen für die Weltkriegsforschung stecken und welche ungehobenen Quellenschät-
ze dafür zukünftig noch zu bergen sind. Ausgewählt habe ich
dazu drei Bereiche, in denen zwar erste Erträge der Forschung
vorhanden sind, die aber noch weiterer intensiver Recherche

---

[2] Quelle *„Der Hunger"*, aus: Ernst Drahn/Susanne Leonhard: *Unterirdi-
sche Literatur im revolutionären Deutschland während des Weltkrieges*,
Berlin 1920, S. 52-54, zit. nach: Rüdiger vom Bruch/Björn Hofmeister
(Hg.): *Deutsche Geschichte in Quellen und Darstellung, Bd. 8: Kaiserreich
und Erster Weltkrieg*, Stuttgart 2000. 2. Auflage 2002, S. 415-417.
[3] Stefanie van de Kerkhof: *Von der Friedens- zur Kriegswirtschaft. Unternehmensstrategien der deutschen Eisen- und Stahlindustrie vom Kaiserreich bis zum Ende des Ersten Weltkrieges (Bochumer Schriften zur Unter-
nehmens- und Industriegeschichte*, Bd. 15), Essen 2006; Dies./Walter
Buschmann: *Schwerindustrie und Waffenschmieden im Westen Deutschlands 1890-1918. Expansionsdrang, wirtschaftliche Innovationen und Mo-
dernität in Technik und Architektur*, in: Thomas Schleper im Auftrag des
Landschaftsverbands Rheinland (Hg.): *Aggression und Avantgarde. Zum
Vorabend des Ersten Weltkrieges*, Essen 2014, S. 107-129.

bedürfen und damit die Grenzen der Forschung markieren: erstens die Mobilmachung und damit die wirtschaftliche wie finanzielle Vorbereitung des Krieges, zweitens die kriegswirtschaftliche Organisation und die Unternehmensstrategien sowie drittens der Konsum im Ersten Weltkrieg.[4] Dabei wird deutlich werden, dass der Erste Weltkrieg nicht nur über 15 Millionen Kriegstote und Verletzte hinterließ, sondern auch einen massiven Eingriff in die Wirtschaft aller beteiligten Länder mit sich brachte. Insbesondere ergab sich mit Beginn und Ende des Krieges eine anhaltende Problematik der Umstellung von Friedens- auf Kriegswirtschaft. Beispielsweise wurden mit der Generalmobilmachung des Deutschen Reichs zum 1. August 1914 über 30 % aller Industriearbeiter eingezogen, die ersetzt werden mussten. Ähnliches galt auch für den Agrarsektor, denn eine ungeheure Menge von Arbeitskräften musste innerhalb kürzester Zeit ersetzt werden oder alternativ die Produktion stillgelegt werden.

Engpässe traten nach der Wirtschaftsblockade der Alliierten im Herbst 1914 vor allem bei der Rohstoffbeschaffung für Rüstungsgüter und beim Transport auf. Ein großer Teil der Rohstoffe, insbesondere industrielle Ressourcen wie hochwertige Eisenerze oder Salpeter (Nitronatrit) mussten aus Spanien, Schweden, Norwegen und Chile eingeführt werden. Dies brachte große Umstellungsprobleme mit sich.[5] Der improvisierte Umwandlungsprozess der deutschen Wirtschaft veränderte sich erst im Verlaufe des Krieges. Wie Sie sehen, mussten über 40 % der industriellen Rohstoffe vor dem Krieg in das Deutsche Reich importiert werden. Dies macht die Dimension dieser Um-

---

[4] Meine Analyse bezieht sich übrigens vorwiegend auf den Bereich der deutschen Kriegswirtschaft. Ich werde aber gelegentlich, Ansätze einer stärker transnational oder international ausgerichteten wirtschaftshistorischen Forschung einbeziehen. Siehe auch den stärker ökonometrisch ausgerichteten Vergleichsband: Stephen Broadberry/Mark Harrison (Hg.): The Economics of World War I, Cambridge 2005.
[5] Gunther Mai: Das Ende des Kaiserreichs. Politik und Kriegführung im Ersten Weltkrieg, München 1987, ²1993, S. 88 ff.

stellungsprobleme drastisch deutlich. Die Unternehmen bezeichneten den Beginn der Kriegswirtschaft als „Kriegsstoß", der für sie beileibe keine neue Erfahrung war. Sie hatten auch schon im preußisch-französischen Krieg 1870/71 aber auch in den preußischen Einigungskriegen z. T. eine solche Umstellung auf kriegswirtschaftlichen Bedarf erfahren. Der Historiker Achim Hopbach hat in seiner Tübinger Dissertation sehr schön herausgearbeitet, welche Strategien den württembergischen Unternehmen mit Beginn des Krieges zur Verfügung standen. Er hat dabei insgesamt drei wesentliche Strategien identifiziert: Stilllegung bzw. Kurzarbeit und Produktionsabbau (1), Umstellung auf die Kriegsproduktion (2) oder „Business as usual" (3).[6]

Die erste Strategie, auf die sich einige Unternehmen zunächst einstellten, war die Stilllegung von Betrieben, Kurzarbeit oder Abbau von Produktionskapazitäten. Diese Strategie wählten vorwiegend Unternehmen der württembergischen Metallindustrie, des Apparate- und Instrumentenbaus, aber auch der Textilindustrie, v. a. der konsumnahen Produktion, die nicht auf Kriegsbedarf wie Uniform- oder Zeltnäherei umgestellt werden konnte. Sehr viele kleinere Unternehmen waren vom Kriegsbeginn sehr stark betroffen, während Großunternehmen wie die WMF ihre Produktion schneller auf kriegswirtschaftliche Nachfrage umstellen konnten. Gerade die kleineren Unternehmen traf auch die Einziehung der Arbeitskräfte an die Front hart, weil einzelne Produktionsabschnitte nicht mehr aufrechterhalten werden konnten. Sie litten daher unter Auftragsrückgang, v. a. aus dem Ausland und verzeichneten Probleme mit dem Absatz.[7]

Bei der zweiten, alternativen Strategie konnten nur die Unternehmen, die mit Beginn des Krieges sehr schnell auf Rüstungsproduktion umstellen konnten, profitieren. Sie fertigten zumeist Güter, die in der modernen Forschung als „dual-use products" benannt werden, d. h. sowohl für die zivile als auch

---

[6] Ausführlich dazu Achim Hopbach: *Unternehmer im Ersten Weltkrieg. Einstellungen und Verhalten württembergischer Unternehmer im „Großen Krieg"*, Leinfelden-Echterdingen 1998.

[7] Ebenda.

militärische Nutzung eingesetzt werden konnten.[8] Und hier gab es eine Reihe von Unternehmen, die den Krieg als eine Art Sonderkonjunktur oder sogar eine Boomzeit betrachtete und ihre Produktion schnell darauf einstellte. Dies betraf nicht nur die Rüstungsindustrie im engeren Sinne, die auch zivile Kapazitäten wie den Eisenbahnbau auf Waffen- und Munitionsproduktion umstellen konnte, sondern auch einen Teil der Nahrungsmittelproduktion und Textilbranche. Für die Mehrzahl der württembergischen Unternehmen hat Hopbach festgestellt, dass diese Strategie allerdings eher als unrentabel angesehen wurde, weil die Unternehmen sehr hohe Umstellungs- bzw. Umrüstungskosten befürchteten. Die Unternehmen, die diese Umrüstung vorgenommen hatten und die z. T. kräftig in die erhoffte Kriegskonjunktur investiert hatten, bemühten sich daher beständig, Profite mit dieser Produktion zu erzielen und Aufträge bei der Heeresverwaltung und Ministerialbürokratie zu erlangen. Man kann dies sehr schön sehen an verschiedenen Eingaben, die bei diesen Stellen von den Unternehmern und Managern gemacht wurden.[9]

Eine dritte Strategie der Unternehmen war, die Produktion aufrechtzuerhalten und „Business as usual" zu vollziehen. Hierauf setzten v. a. die exportorientierten Unternehmen, die ihre Ausfuhr in die verbündeten Mittelmächte umzuleiten oder Ausnahmegenehmigungen in das neutrale oder sogar in das feindliche Ausland für ihre Exporte zu erlangen suchten, zumindest zu Beginn des Krieges für zivile Güter. Diese Unternehmer verstanden die Mobilmachung und den „Kriegsstoß" zunächst als vorübergehende Stockungskrise und sahen sie als traditionelle Reaktion auf den Kriegsbeginn, also eine Phase, die man schon erlebt hatte und auf die man wie gewohnt reagierte.[10]

---

[8] Vgl. Norbert Zdrowomyslaw/Heinz-Jürgen Bontrup: *Die deutsche Rüstungsindustrie. Vom Kaiserreich bis zur Bundesrepublik. Ein Handbuch*, Heilbronn 1988.
[9] Hopbach: *Unternehmer im Ersten Weltkrieg.*
[10] Ebenda.

Hier haben wir drei verschiedene Möglichkeiten kennengelernt, wie die württembergischen Unternehmen reagieren konnten, die sich auch auf das Deutsche Reich übertragen lassen. Viele Unternehmen, v. a. diejenigen, die letztere Strategie verfolgten, erlebten aber ab dem zweiten Kriegsjahr, dass ihre Lieferungen in das neutrale und feindliche Ausland eingestellt werden mussten. Sie mussten also zu einem späteren Zeitpunkt ebenfalls Produktion und Absatz anpassen. Dadurch kam es auch gelegentlich zu kurzfristiger Improvisation in den Unternehmen, die sich erst langsam auf die andauernde Kriegswirtschaft einstellten. Man kann insgesamt sagen, dass diese Umstellungsphase im Grunde vom Kriegsbeginn bis 1917 anhielt. Erst dann wurden mit dem so genannten „Hindenburgprogramm" und „Hilfsdienstgesetz" zentrale neue Elemente eingeführt, um Wirtschaft-Staat-Militär noch enger miteinander zu verschmelzen und die Wirtschaft auf die Kriegsproduktion in einem nahezu „totalen" Sinne auszurichten.[11]

Ursächlich für die grundlegenden Veränderungen Ende 1916 war, dass in diesem ersten globalen industrialisierten Materialkrieg Ressourcen kriegswichtig und die Unternehmen stärker auf die Kriegsproduktion umgestellt werden mussten. Nach den wahren „Materialschlachten" an West- und Ostfront war das erklärte Ziel der 3. OHL daher eine Steigerung der Produktion von Geschützen und Gewehren um 300 %, von Minenwerfern und Munition um 200 %. In einer angespannten Wirtschaftslage wurde also versucht, eine „totale" Mobilisierung der Wirtschaft für den Krieg zu erreichen.[12] Man hat nun auch eine Rückführung von Soldaten von der Front in die Heimat sowie eine stärkere Disziplinierung von Arbeitskräften in den Betrieben vorgenommen und griff auch zum letztmöglichen Zwangsmittel für die Wirtschaft: die Schließung von Betrieben, die nicht als

---

[11] Detaillierte Darstellung der beteiligten Akteure und ihrer Intentionen beim Grundlagenwerk von Gerald D. Feldman: *Army, Industry and Labour*, Princeton 1967 (deutsche Übersetzung: Berlin/Bonn 1985).
[12] Vgl. auch Stig Förster/Roger Chickering (Hg.): *Great War – Total War. Combat and Mobilization on the Western Front*, Cambridge 2006.

kriegswichtig galten. Zur Aufrechterhaltung der Rüstungsproduktion griffen Unternehmen nun vermehrt auf Frauen, sog. Fremdarbeiter aus Belgien und Polen, später auf Zwangsarbeiter und Kriegsgefangene zurück.[13] Ausgeschaltet wurde dabei der private, zivile Bedarf, denn am Kriegsende arbeiteten nur noch 20 % der Beschäftigten in rein zivil genutzten Sparten. Daher entstanden große Probleme beim Konsum: Hunger, Not und Mangelernährung kehrten erstmals nach der Industrialisierung in einem massenhaften Ausmaß wieder nach Europa zurück. Die Sozialhistorikerin Anne Roerkohl, die sich mit dieser Problematik intensiv befasst hat, sprach allein für das Deutsche Reich von geschätzten 800.000 zivilen Opfern durch Hunger und ernährungsbedingte Krankheiten.[14] Erklärt wurden die negativen Konsequenzen der Umstellung auf Rüstungsproduktion nicht nur von den Zeitgenossen, sondern auch von der historischen Forschung häufig mit der angeblich mangelhaften Kriegsvorbereitung.

1. Mobilmachung und Vorbereitung des Krieges

Wie die Zeitgenossen aus Industrie und Handel in der Rückschau urteilten, zeigt ein Zitat des Generaldirektors der Bayer AG, Carl Duisberg, im Jahre 1919 sehr deutlich:

[13] Neuere Forschungen liegen dazu vor von: Christian Westerhoff: *Zwangsarbeit im Ersten Weltkrieg. Deutsche Arbeitskräftepolitik im besetzten Polen und Litauen 1914-1918*, Paderborn 2012; Jens Thiel: *„Menschenbassin Belgien".* Anwerbung, Deportation und Zwangsarbeit im Ersten Weltkrieg, Essen 2007; Kai Rawe: *„Wir werden sie schon zur Arbeit bringen!" Ausländerbeschäftigung und Zwangsarbeit im Ruhrkohlenbergbau während des Ersten Weltkriegs*, Essen 2005; Susanne Rouette: *Frauenarbeit, Geschlechterverhältnisse und staatliche Politik*, in: Wolfgang Kruse (Hg.): *Eine Welt von Feinden. Der Große Krieg 1914-1918*, Frankfurt a. M. 2000, S. 92-126; Ute Daniel: *Arbeiterfrauen in der Kriegsgesellschaft 1914-1918: Beruf, Familie und Politik im Ersten Weltkrieg*, Göttingen 1989.
[14] Anne Roerkohl: *Hungerblockade und Heimatfront. Die kommunale Lebensmittelversorgung in Westfalen während des Ersten Weltkrieges*, Stuttgart 1991, S. 297 ff.

> Zu uns ist nie ein Vertreter des Kriegsministeriums oder des Generalstabs gekommen, um uns auch nur aufzufordern, darüber nachzudenken, wie wir einmal einen Zukunftskrieg abwenden könnten. [...] Keiner von uns hat irgendwelche, auch nicht die leisesten Vorbereitungen für einen Krieg getroffen.[15]

Die nach dem Krieg getroffene Aussage, dass die chemische Industrie in keiner Weise auf die Mobilmachung vorbereitet gewesen sei, erscheint fragwürdig angesichts einer umfassenden Quellenlage zur langfristigen Mobilmachung des Deutschen Reichs. Schon die beiden fundamentalen, sehr detailliert aus den Quellen gearbeiteten Werke von Fritz Fischer, „Griff nach der Weltmacht" und „Krieg der Illusionen", haben deutlich gemacht, wie lange diese wirtschaftliche Vorbereitung in der Vorkriegszeit andauerte.[16] Meine eigenen Forschungen, u. a. im Bundesarchiv und Geheimen Staatsarchiv Preußischer Kulturbesitz, zeigten ebenfalls eindeutig auf einer erweiterten Quellenbasis, dass die vorsorgliche militärische, finanzielle und wirtschaftliche Mobilmachung der gesamten deutschen Gesellschaft spätestens ab dem Jahr 1913 alle Ressorts und Verwaltungsbereiche erfasste. Das Kriegsministerium, die Reichkanzlei, das Reichsministerium des Innern, das Reichsschatz-

---

[15] Zitat von Carl Duisberg aus dem Jahre 1919, in: *Bayer magazin* 3/1988, zit. nach: Gerhard Brunn: Die Zeit der Krisen 1914-1955, in: Ders./D. Briesen/R. Elkar/J. Reulecke: *Gesellschafts- und Wirtschaftsgeschichte Rheinlands und Westfalens*, Köln u. a. 1995, S. 129-201, hier: S. 131. Ähnlich auch Birgit Buschmann: *Unternehmenspolitik in der Kriegswirtschaft und in der Inflation. Die Daimler-Motoren-Gesellschaft 1914-1923*, Stuttgart 1998, S. 32.

[16] Fritz Fischer: *Griff nach der Weltmacht. Die Kriegszielpolitik des kaiserlichen Deutschland 1914-1918*, Düsseldorf 1961, ND 1984; Ders.: *Krieg der Illusionen. Die deutsche Politik von 1911 bis 1914*, Düsseldorf, ²1970, ND 1987. Die Diskussion um Fischers Bücher zeichnen nach: Volker Berghahn: *Die Fischer-Kontroverse – 15 Jahre danach*, in: Geschichte und Gesellschaft 6 (1980), S. 403-419; Volker Ulrich: *Griff nach der Weltmacht? 25 Jahre Fischer-Kontroverse*, in: *Historisches Jahrbuch der Görres-Gesellschaft* 106 (1986), S. 386-406 und Wolfgang Michalka (Hg.): *Der Erste Weltkrieg. Wirkung, Wahrnehmung, Analyse*, München 1994.

amt, die wirtschaftspolitischen Abteilungen, das Preußische Ministerium für Handel und Gewerbe, das bis 1916 für das gesamte Deutsche Reich zuständig war, waren alle in die Mobilmachungs- und Aufrüstungspläne des Reichs involviert. Ein Rüstungsunternehmen wie Krupp stand schon Ende 1904 beispielsweise mit dem Reichsmarineamt in Verhandlungen über Lieferungen im Falle der Mobilmachung, d. h. die Krupp-Werke waren nicht nur mit Panzerplattenproduktion und Germaniawerft in den großen Flottenaufbau der deutschen Kriegsmarine miteinbezogen, sondern sie waren auch Bestandteil ganz konkreter Mobilmachungspläne. Wie ich in meiner Dissertation zeigen konnte, wurden Industrielle unterschiedlicher deutscher Regionen, nicht nur aus dem Ruhrgebiet, Rheinland oder Württemberg, seit 1913 umfassend befragt. Seit spätestens Mai 1914 wurden sie auch in internationale Verhandlungen über den Kriegsbeginn einbezogen. Verschiedene Unternehmen wie die Gutehoffnungshütte (GHH), die oberschlesischen Hüttenwerke, die Maschinenfabrik Augsburg-Nürnberg (MAN) und Krupp wurden vom preußischen Ministerium für Handel und Gewerbe und vom Reichsministerium des Innern seit Januar 1913 gebeten, umfangreiche Berichte über die Lage ihrer Unternehmen im Falle einer Mobilmachung einzusenden. Abweichend von den nachträglichen Rechtfertigungen, wie wir sie von Carl Duisberg gehört haben, wurden die Fragen auch an Unternehmen der chemischen Industrie gesandt, die damit also über die Mobilmachungsfrage bestens informiert waren. Gefragt wurde hier nach den Arbeitskräften in der Produktion, der Rohstoffversorgung, wie viele Lager man für den Kriegsfall angelegt hatte, wie das Personal und Kriegsverletzte ersetzt werden konnten – also eine ganz weitreichende statistische Erfassung und kriegswirtschaftliche Planung, die hier stattfand. Die von den Industriellen eingesandten Berichte zur Arbeiter- und Rohstofffrage dienten der Kriegsvorbereitung, in die auch die österreichisch-ungarische Regierung und die Wiener Han-

dels- und Gewerbekammer involviert war.[17] Zahlreiche weitere
Beispiele ließen sich anführen. Beispielsweise konnte Jörg
Kraus in seiner neueren Studie zu den Vereinigten Köln-Rott-
weiler Pulverfabriken nachweisen, „daß die Fabrikleitung auf
den Ausbruch des Krieges vorbereitet, zumindest jedoch davon
nicht überrascht war".[18] Die Dauer des Krieges wurde zudem
keinesfalls kurzfristig eingeschätzt. Eingehende Darstellungen
des englischen Historikers David G. Herrmann über die europäische Heeresrüstung vor dem Ersten Weltkrieg oder des deutsch-
amerikanischen Militärhistorikers Michael Geyer über die deutsche Rüstungspolitik machten deutlich, dass bereits lange vor
dem Kriegsbeginn 1914 umfangreiche Auf- und Ausrüstungsan-
strengungen vorgenommen wurden.[19] Man kann hier sehr schön
sehen, dass in verschiedenen Phasen ein Militärausbau im Kaiserreich stattgefunden hatte, an dem die deutsche Industrie beteiligt war, weil Gewehre, Eisenbahnen, Eisenbahnstrecken, Kanonen, Lafetten, Maschinengewehre und Munition produziert
und bereitgestellt werden mussten. Dies galt auch für den Aufbau der Kriegsflotte im Kaiserreich, an dem Unternehmen wie
Krupp, aber auch staatliche Werkstätten beteiligt waren. Michael Geyer hat insbesondere auf die hektische, gezielte Ver-
mehrung des Heeres seit Ende 1912 hingewiesen, die der
Reichstag bewilligte. Zudem wurde durch die Marinerüstung
der Rüstungswettlauf verschärft. Die Reichsschulden stiegen
von 486 Mio. RM 1887 auf 5 Mrd. RM 1913 enorm an.[20] Ein

[17] BA Berlin, Bestand R 1501 Reichsministerium des Innern, 118528, Nr. 2
Berichte industrieller Unternehmungen über ihre Lage im Falle einer Mobilmachung, Bd. 1 Januar 1913-Januar 1914. Ausführlichere Angaben bei
van de Kerkhof: *Von der Friedens- zur Kriegswirtschaft*, Kapitel V.
[18] Jörg Kraus: *Für Geld, Kaiser und Vaterland. Max Duttenhofer, Gründer
der Rottweiler Pulverfabrik und erster Vorsitzender der Daimler-Motoren-
Gesellschaft*, Bielefeld 2001, v. a. S. 140.
[19] David G. Herrmann: *The Arming of Europe and the Making of the First
World War*, Princeton, N.J. 1996, v. a. S. 65 ff. und 201 ff.; Michael
Geyer: *Deutsche Rüstungspolitik, 1860-1980*, Frankfurt a. M. 1984, S.
52 ff.
[20] Geyer: Deutsche Rüstungspolitik, S. 52 ff.

massiver Ausbau der bewaffneten Truppen erfolgte also schon vor dem Jahr 1914. Und an diesem Rüstungsausbau waren auch die entsprechenden Unternehmen klar beteiligt, betrachtet man die Produktion eines Waffen- und Geschützherstellers wie Krupp. Hier können Sie an dem Prozentanteil der Kriegs- und Friedensproduktion sehen, wie stark ab der Jahrhundertwende der rüstungswirtschaftliche Produktionsanteil ausgebaut wurde. Die zivile Produktion sank nach 1904 auf unter 30 % der gesamten Fertigung.[21]

Allerdings muss man sagen, dass es noch weitgehender neuerer Forschungen bedarf. Denn es ist nicht klar, ob man trotz der Zwänge, die durch die wirtschaftliche Blockade verursacht wurden, in der ersten Phase der Kriegswirtschaft von August 1914 bis zum Frühjahr 1915 wie der Historiker Gunther Mai (1985) von einer weitgehenden organisatorischen Improvisation sprechen muss.[22] Hier zeigt sich, wenn man sich die Aufrüstungsbestrebungen und die Mobilmachungspläne der großen Unternehmen anschaut, dass es nicht nur eine Improvisation war, sondern sehr gezielte Mobilmachungspläne vorlagen, die dann auch kühl kalkuliert, geplant und in bürokratischer Manier verfolgt wurden. Die neuere Münsteraner Dissertation von Wolf-Rüdiger Schrumpf beurteilt daher die Behauptungen der Industriellen als „rückblickend vordergründig und auch einseitig[e]" „Schuldzuweisungen" an die Adresse der Verwaltung, denn es gab nur mangelnde Vorsorgekonzepte für einen langanhaltenden Krieg, d. h. eine unerwartete Kriegsdauer von vier Jahren und daher habe „die deutsche Wirtschaft ebenfalls keine Vorsorgekonzepte oder entsprechende Maßnahmen für mögliche Mangelsituationen im Kriegsfall entwickelt."[23]

Aufgrund des Fehlens des im Zweiten Weltkrieg zerstörten Heeresarchivs kann die rückblickende Rechtfertigung der Indus-

---

[21] Feldenkirchen, *Eisen- und Stahlindustrie*, Anhang und van de Kerkhof: *Von der Friedens- zur Kriegswirtschaft.*
[22] Mai, Das Ende des Kaiserreichs, S. 88 ff.
[23] Wolf-Rüdiger Schrumpf: *Territoriale Kommandogewalt und zivile Verwaltungskompetenz im 1. Weltkrieg*, Diss. Münster 1995, S. 90.

trie, wie sie Duisberg vorgenommen hat, nicht lückenlos wider-
legt werden. Allerdings habe ich schon auf die Vielzahl der dem
Krieg vorausgehenden Planungen hingewiesen. Betrachtet man
die lang anhaltende Einbeziehung von Industriellen durch
verschiedene Ressorts oder Ämter auf Reichs- und preußischer
Ebene, so ist die Bemerkung Duisbergs eher als Rechtferti-
gungsstrategie zu sehen. Schrumpf ist daher wohl zuzustimmen,
dass nachträglich Erfolge häufig den militärischen Organisationen zugeschrieben worden seien, Misserfolge dagegen der zivilen Administration.[24] Dies galt insbesondere für die frühe Nachkriegszeit. Die Frage, ob die kriegswirtschaftliche Vorbereitung
effizient war und in ausreichendem Maß für einen langanhaltenden, industrialisierten Krieg erfolgte, ist somit offen. Daher muss weiter gefragt werden, wie die Mobilmachung durchgeführt wurde, welche Kriegsform von den Militärs und den
Unternehmen antizipiert wurde, ob man industrielle Kriegsführung ins Kalkül gezogen hat, welche Engpässe auf den Arbeits-
märkten entstanden und wie Ressourcen mobilisiert wurden.
Hilfreich wäre dabei, neue Quellen aus lokalen und regionalen
Archiven einzubeziehen, und zwar sowohl staatlicher als auch
unternehmerischer Provenienz. Und dies ist in den letzten
zwanzig Jahren kaum geschehen, da die neuere Forschung zum
Ersten Weltkrieg die gesamte Wirtschafts- und Unternehmens-
geschichte der Vorkriegszeit und des Krieges nahezu komplett
ignoriert hat. Der australisch-britische Preußen-Experte Christopher Clark nennt z. B. in seinem voluminösen, international
vergleichend angelegten Buch nicht ein einziges Unternehmen
oder einen Industriellen und schließt wirtschaftliche Ursachen
und Konsequenzen des Krieges aus seiner Betrachtung weitgehend aus.[25]

---

[24] Ebenda.
[25] Christopher Clark: *Die Schlafwandler. Wie Europa in den Ersten Weltkrieg zog*, München 2013 (engl. OA 2012), explizit z. B. in seiner Einleitung.

2. Kriegswirtschaftliche Organisation und Unternehmen

Betrachtet man nun die kriegswirtschaftliche Organisation und ihre Auswirkungen auf die Unternehmen genauer, so wird deutlich, dass es trotz verschiedener kurz- und mittelfristiger Vorbereitungen auf den Krieg eine Reihe von Umstellungsproblemen auf die Kriegswirtschaft gab. Produktion, Beschaffung und Absatz wurden insgesamt durch drei Faktoren mit Kriegsbeginn eingeschränkt: zum einen durch den hohen Mobilisierungsgrad bei den Arbeitern, zweitens durch Verkehrsengpässe wegen der Truppen- und Materialtransporte mit Eisenbahnen an die Fronten und drittens die Alliierte Wirtschaftsblockade.[26] Die staatliche Umstellung auf die daraus resultierenden Erfordernisse erfolgte in einer juristisch abgesicherten, streng bürokratischen Weise. Am 4. August 1914 wurde sogleich vom Reichstag ein sog. „Ermächtigungsgesetz" verabschiedet, das die generelle Aus- und Durchfuhr verbot, Lebensmitteleinfuhren erleichtern und die Kriegsfinanzierung regulieren sollte. Im Verlauf des Krieges wurden weitere gesetzliche Verordnungen eingeführt, z. B. Höchstpreisfestsetzungen vorwiegend für Lebensmittel und in kleinerem Maße für industrielle Rohstoffe vorgenommen. Insgesamt wurden für die neue Form der Bewirtschaftung von Rohstoffen und Nahrungsmitteln etwa 1.200 verschiedene Gesetze und Verordnungen während des Krieges erlassen.[27] Dies demonstriert eindrücklich den hohen bürokratischen Bedarf und enormen Organisationsgrad der Kriegszeit – nur sehr bedingt also eine Phase des Chaos' und der Improvisation, sondern vielmehr eine strikte und umfassende Normierung.

---

[26] Mai: *Das Ende des Kaiserreichs*, S. 88ff. Vgl. van de Kerkhof: *Von der Friedens- zur Kriegswirtschaft*, Kapitel V.

[27] Momme Rohlack: *Kriegsgesellschaften (1914-1918). Arten, Rechtsformen und Funktionen in der Kriegswirtschaft des Ersten Weltkrieges*, Frankfurt a. M. u.a. 2001, S. 42 ff.; Regina Roth: *Staat und Wirtschaft im Ersten Weltkrieg. Kriegsgesellschaften als kriegswirtschaftliche Steuerungsinstrumente*, Berlin 1997, S. 31; Mai: *Das Ende des Kaiserreichs*, S. 88 ff.; Schrumpf: Territoriale Kommandogewalt und zivile Verwaltungskompetenz, S. 89.

Eine wesentliche neue Form der Kriegsorganisation war auch die Kriegsrohstoffabteilung, die bereits vom 9. bis 21. August eingerichtet wurde. Sie brachte erstmals einerseits Industrielle, v. a. aus den seit der Jahrhundertwende boomenden neuen Branchen wie der Elektro- und Chemieindustrie, zusammen mit staatlicher Organisation der Kriegswirtschaft andererseits. Denn diese neue Abteilung unter Walther Rathenau von der AEG und seinem leitenden Mitarbeiter Wichard von Moellendorff wurde beim Preußischen Kriegsministerium angesiedelt. Der Preußische Kriegsminister General Erich von Falkenhayn sah gemeinsam mit dem Elektroindustriellen Rathenau die Notwendigkeit, während des Krieges die Rohstoffbeschaffung gezielt zu planen und eine zentrale Bewirtschaftung von Rohstoffen vornehmen zu können. Später war diese Institution dafür vorgesehen, die Kriegswirtschaft bürokratisch zu steuern. Doch dies gelang nicht, sie konnte auch nur in beschränktem Maße in die Wirtschaft eingreifen. Allerdings fand innerhalb dieser Behörde eine enorme Ausweitung sowohl des Personals als auch der Kompetenzen statt. Sie wuchs von 3 auf 2.500 Mitarbeiter bis 1918 an und war am Kriegsende für insgesamt 100 Roh- und Betriebsstoffe zuständig. Insgesamt aber trotz der stark ansteigenden Zahl der bewirtschafteten Rohstoffe ein deutlich eingeschränkter Bereich, bedenkt man die Vielzahl der in Industrie und Gewerbe verwendeten Roh- und Betriebsstoffe.[28]

Eine weitere neue wirtschaftliche Organisationsform wurden die während des Krieges gegründeten sog. Kriegsgesellschaften. Sie wurden notwendig durch die Mangelsituation, die erstmals im ersten Kriegswinter 1914/15 mit der Munitionskrise an der Westfront offenbar wurde. Engpässe bei Rohstoffen und Arbeitskräften zeichneten sich hier deutlich ab. Die 3. Oberste

---

[28] Wolfgang Michalka: *Kriegsrohstoffbewirtschaftung, Walther Rathenau und die , kommende Wirtschaft'*, in: Ders. (Hg.): *Der Erste Weltkrieg. Wirkung, Wahrnehmung, Analyse*, München 1994, S. 485-505. Vgl. Hans Ehlert: *Die wirtschaftliche Zentralbehörde des Deutschen Reiches 1914 bis 1919. Das Problem der „Gemeinwirtschaft" in Krieg und Frieden*, Wiesbaden 1982.

Heeresleitung (OHL) unter den Generälen Paul von Hindenburg und Erich Ludendorff, die weitgehende Machtbefugnisse vom Kaiser erhalten hatte, legte nach den verlustreichen Material- schlachten bei Verdun im Winter 1916 ein neues Programm vor. Dies machte deutlich, dass der Materialkrieg enormer Ressour- cen in jeder Hinsicht bedurfte. Die Zwangsmaßnahmen wurden nun mit dem sog. „Hindenburgprogramm" verstärkt, und die Wirtschaft wurde noch stärker auf die Rüstungsindustrie umge- stellt. Staatlicherseits konnte nun in der zweiten Kriegshälfte stärker in die Organisation der Unternehmen eingegriffen wer- den, da die Rohstoffproblematik und die Mangelsituation immer deutlicher und drängender wurde. Und dies nicht nur beim Kon- sum, wie wir beim Zitat „Der Hunger" am Anfang gehört haben, sondern auch bei der Industrie. Die Wirtschaft sollte die Früh- jahrsoffensive 1917 mit vorbereiten und dazu auch einer „tota- len" Mobilisierung unterliegen, wie die geforderten Produk- tionssteigerungen der Rüstungsindustrie um 200 % bzw. 300 % deutlich machen. Dazu wurde auch eine stärkere Mobilisierung von Arbeitskräften eingeleitet mit dem „Gesetz über den Vater- ländischen Hilfsdienst" vom 5. Dezember 1916. Alle Männer zwischen 16 und 60 konnten nun zum Dienst in der Kriegs- wirtschaft herangezogen und für die Produktion von Rüstungs- gütern eingesetzt werden.[29] Wir können hier anhand einer vorbereitenden Denkschrift von Generalfeldmarschall Paul von Hindenburg vom 2. November 1916 sehr anschaulich sehen, wie in der militärischen Führung des Deutschen Reichs argumentiert wurde:

> [...] Wir können daher den Krieg nur gewinnen, wenn wir dem Heere soviel Kriegsgerät zuführen, daß es den feindlichen Armeen gleich stark gegenübersteht, und wenn wir die Ernährung des ge- samten Volkes sicherstellen. Das ist bei den reicheren Mitteln, die unsere Feinde haben, nur möglich, wenn alles, was unser Land an Bodenschätzen birgt und was die Industrie und der Acker hergeben können, ausgenutzt wird lediglich für die Förderung des Krieges. Dieses Höchstmaß an Leistung kann aber nur erreicht werden, wenn

[29] Ausführlicher dazu Feldman: *Army, Industry and Labour*.

das gesamte Volk sich in den Dienst des Vaterlandes stellt. Alle anderen Rücksichten müssen dagegen zurücktreten; sie können in einem Kampf, der um Sein oder Nichtsein des Staates, um die Unabhängigkeit, die Wohlfahrt und die Zukunft unseres Volkes entscheiden wird, keine Rolle spielen. [...][30]

Ein kompromissloses, dualistisches Weltbild von Sein oder Nichtsein wird hier gezeichnet: entweder totale Mobilisierung der Wirtschaft oder Untergang. Dies kann auch als eine propagandistische Unterstützung für das Hilfsdienstgesetz gedeutet werden. Es lässt sich aber auch an den Zahlen ersehen, dass diese Forderungen der OHL eine reale Grundlage hatten, wenn wir die Rohstoffversorgung analysieren.

Tabelle 1: Rohstoffversorgung im Deutschen Reich
(Indexzahlen, 1913 = 100)

	Steinkohle	Eisenerz	Blei	Kupfer	Roheisen	Stahl
1910 bis 1913	89,3	89,2	87,0	87,1	87,5	88,5
1914	84,8	71,7	95,3	93,5	74,5	79,7
1915	77,2	61,9	64,2	119,2	60,1	69,8
1916	83,7	74,6	57,1	161,5	68,8	62,6
1917	88,1	78,5	47,6	149,8	68,0	83,1
1918	83,2	27,7	42,5	141,3	61,4	68,6
1919	61,4	21,5	33,0	67,0	32,5	39,9

Quelle: W. G. Hoffmann: *Das Wachstum der deutschen Wirtschaft*, Berlin 1965, S. 342, 353 f.

[30] Vom Bruch/Hofmeister (Hg.): *Deutsche Geschichte in Quellen und Darstellung*, Bd. 8, S. 403.

Wie hier ersichtlich wird, ging in der zweiten Kriegshälfte nicht nur bei Spezialitäten wie Wolfram- oder Manganerz, sondern auch beim Eisenerz die Förderung auf 30-75 % zurück. Auch beim Roheisen gab es einen deutlichen Einbruch in der Produktionsleistung, der eine Steigerung um das Zwei- oder Dreifache, wie von der Heeresleitung im Hindenburgprogramm vorgesehen, als unrealistisch erscheinen ließ. Von daher war es geboten, neue wirtschaftliche Wege zu gehen und neue Formen zu erproben. Hier stellte der Erste Weltkrieg eine Art Laborsituation für die staatliche Bürokratie, aber auch für die Unternehmen dar, in der neue organisatorische Konstellationen in der Bewirtschaftung und in der Zusammenarbeit zwischen Staat-Militär-Wirtschaft erprobt wurden.

Eine dieser neuen Formen waren die sogenannten Kriegsgesellschaften. Sie stellten eine neue gemischt-wirtschaftliche Organisationsform der Unternehmung dar, die man heutzutage als *Public-Private Partnership* bezeichnen würde und deren Effizienz intensiv diskutiert wird.[31] Hier arbeiteten auf der einen Seite privatwirtschaftliche Unternehmen, die man als effizienter organisiert ansah, zusammen mit der stärkeren Durchgriffsmöglichkeit der staatlichen bürokratischen Organisation auf der anderen Seite. Die neue Form sollte also die Vorteile privater Unternehmen mit denen öffentlich-rechtlicher Gesellschaften kombinieren und zu einem kostengünstigeren Wirtschaften führen. Insgesamt wurden diese Unternehmen bislang nur wenig untersucht, zu nennen wären neben meinen Studien hier Gerald D. Feldman, Regina Roth, Momme Rohlack und Harald Wixforth, wobei nur wenige dieser Gesellschaften aufgrund des bis 1989/90 problematischen Quellenzugangs intensiver untersucht

---

[31] Vgl. Stefanie van de Kerkhof: *Public-Private Partnership im Ersten Weltkrieg*, in: H. Berghoff/J. Kocka/D. Ziegler (Hg.): *Wirtschaft im Zeitalter der Extreme. Im Gedenken an G. D. Feldman*, München 2010, S. 106-133 und Harald Wixforth: *Die Gründung und Finanzierung von Kriegsgesellschaften während des Ersten Weltkriegs*, in: Ebenda, S. 81-105.

werden konnten.[32] Angesichts von insgesamt rund 350 dieser während des Krieges gegründeten Kriegsgesellschaften besteht hier also noch enormer Bedarf für die Forschung.[33]

Insgesamt wuchsen die Gesellschaften während des Krieges so stark an, dass schließlich fast 33.000 Mitarbeiter in dieser neuen Organisationsform arbeiteten. Als gemischt-wirtschaftliche Unternehmen mit teils privaten, teils staatlichen Elementen sind sie sehr interessante hybride Organisationen. Aktionäre oder Teilhaber kamen meist von Seiten der großen Industrieunternehmen, während das Deutsche Reich die Kontrolle in Form eines Kommissars stellte, der diese Gesellschaften oder Ausschüsse überwachte. Kommissare stammten allerdings häufig aus der Industrie oder den Unternehmerfamilien selbst, z. B. Kurt Sorge, der Direktor der Kruppschen Grusonfabrik für Maschinenbau war, oder Leutnant Hans Poensgen aus der bekannten Düsseldorfer Industriellenfamilie. Hier entstanden enge Verbindungen zwischen Industrie und Staat. Die Vielzahl der Kriegsgesellschaften und Kriegsausschüsse zeigt deutlich, dass die industrielle Kriegswirtschaft einen hohen Organisationsgrad und bürokratischen Aufwand erforderte.[34]

In der neueren wissenschaftlichen Diskussion wurden die Kriegsgesellschaften auf bislang dünner Quellenbasis ähnlich zwiespältig beurteilt wie von den Unternehmern und Managern nach dem Ersten Weltkrieg selbst. Diejenigen, die an den Gesellschaften beteiligt waren, unterstützten diese Unternehmen und sahen sie als wichtige neue Organisationsform der Kriegswirtschaft eher positiv. Von anderen Unternehmen, die wie die Siegerländer Schwerindustrie nicht daran beteiligt waren, erklangen kritischere Töne. Sie sahen sich durch die neue Organisation benachteiligt. Der Siegener Politologe und Historiker Gerhard Hufnagel kam in einer neueren Untersuchung zum Er-

---

[32] Feldman, a.a.O.; Rohlack, a. a. O.; Roth, a. a. O.

[33] Und mit dem verbesserten Zugang zu den ostdeutschen Archiven herrschen nun auch günstigere Rahmenbedingungen vor.

[34] Ausführlich dazu Roth: *Staat und Wirtschaft*, S. 211 ff. und van de Kerkhof: *Von der Friedens- zur Kriegswirtschaft*, Kapitel VI. und VII.

gebnis, dass die Kriegsgesellschaften in der Siegerländer Montan- und Hüttenindustrie zu einem starken Zentralisationsprozess geführt hätten. Dies sei vor allem darauf zurückzuführen, dass die Gesellschaften u. a. Subventionen und Kredite vergaben sowie die Stilllegung von Unternehmen oder Zusammenlegung von Betrieben regelten. Sie waren damit auch für eine langfristig ineffektive industrielle Strukturpolitik verantwortlich, die zwar für die Kriegswirtschaft als notwendig erachtet wurde, für die zivile Umstellung nach Kriegsende langfristig nur unzureichend nutzbar war.[35] Riesige Überkapazitäten für reine Rüstungsproduktion entstanden insbesondere im Ruhrgebiet, z. B. bei Krupp die sog. „Hindenburgbauten", riesige Hallen zur Geschütz-, Lafetten- und Munitionsproduktion, die nach dem Krieg nur schwer auf friedenswirtschaftliche Produkte umgestellt werden konnten.[36] Somit waren die Gesellschaften auch nur bedingt ein

> Modell für eine neuartige Form der Kooperation von Staat und Wirtschaft [...], die manche als sogenannte Gemeinwirtschaft auch nach dem Krieg fortgeführt wissen wollten,

wie es Hans-Peter Ullmann gesehen hat.

> Die Kriegsgesellschaften stellten private Interessen in den Dienst der Kriegswirtschaft und arbeiteten deshalb recht effizient,

so meinte er zudem.[37] Allerdings behielten gerade die Unternehmensvertreter in den Kriegsgesellschaften weitgehende Handlungsspielräume. Die ältere Forschung, die betont hatte, dass die Unternehmen unter staatlichem Dirigismus litten und nur noch

---

[35] Gerhard Hufnagel: *Interesse und Verantwortung. Die Geschichte der Siegerländer Arbeitgeberverbände vom Kaiserreich bis zur Deutschen Diktatur*, Siegen 2000, S. 179 f.

[36] Stefanie van de Kerkhof: *Krieg als Unternehmenskrise? Wahrnehmung und Verhalten schwerindustrieller Unternehmer und Manager im Ersten Weltkrieg und in der Nachkriegszeit*, in: *Jahrbuch für Wirtschaftsgeschichte* 2/2006, S. 31-61. Vgl. dies./Walter Buschmann: *Schwerindustrie und Waffenschmieden im Westen*.

[37] Hans-Peter Ullmann: *Das Deutsche Kaiserreich 1871-1918*, Frankfurt a. M. 1995, S. 237. Vgl. Hufnagel, a. a. O., S. 179 f.

unter Zwang agieren konnten, kann damit als weitgehend wider-
legt gelten.[38] Auch die Zentralisierung der Kriegswirtschaft, die
das Kriegsministerium im neu geschaffenen Kriegsamt durchführen wollte, war in den entscheidenden Branchen wie der
Schwer-, Chemie- und Elektroindustrie nur wenig erfolgreich.
Regina Roth konnte dies in ihrer grundlegenden Arbeit zur
Chemie-, Elektro- und Nichteisen-Metallindustrie zeigen, was
durch meine Forschungen zur Schwerindustrie bestätigt wird:
Die Unternehmen dieser Branchen konnten sich weitreichende
Handlungsspielräume über die gesamte Kriegszeit erhalten. Dies
lag teils an ihren besseren Informationen in den Märkten und
ihrer bisweilen nahezu monopolistischen Marktmacht, teils an
ihren Anteilen an den Kriegsgesellschaften, aber auch an ihrer
Lobbyarbeit, mit der sie Druck auf die staatlichen Stellen
entfalten konnten.[39]

In einzelnen Branchen kam es zudem zu einem breiten Netz
von kriegswirtschaftlichen Organisationen, die nicht nur gut
miteinander kooperierten, sondern zum Teil auch miteinander
konkurrierten und die Kriegswirtschaft damit blockierten oder
ineffizient werden ließen. In der Schwerindustrie entstanden
diese Gesellschaften oder Ausschüsse in einzelnen Regionen,
wie beispielsweise in den besetzten Gebieten, die durch das
Kaiserliche Gouvernement in Metz (Elsaß-Lothringen) verwal-
tet wurden. Aber es wurden auch einzelne Rohstoffe bewirt-
schaftet, wie im Fall der Kriegsmetall AG, die alle Nicht-Eisen-
Metalle verwaltete oder der Eisenzentrale GmbH, die alle
Eisenerze, Stahl- und Eisenproduktion umfasste und besondere
Erze wie die Manganerze besorgte und dabei die besetzten
Gebiete z. B. in Georgien ausbeutete. Insgesamt waren diese
Kriegsgesellschaften also zumeist in wirtschaftlichen Bereichen
tätig, die durch militärische Verwaltung reglementiert waren –
wie die Ausbeutung der besetzten Gebiete – oder durch Mangel

---

[38] Willi A. Boelcke: *Rüstungswirtschaft I: Kriegswirtschaft*, in: *Hand-
wörterbuch der Wirtschaftswissenschaft* (HdWW), Bd. 6, Stuttgart u. a.
1981, S. 503-513, v. a. S. 503.
[39] Roth: *Staat und Wirtschaft*, S. 211 ff.

an Rohstoffen einer staatlichen Regelung bedurften. Enge Verbindungen bestanden daher zum Kriegsministerium und zur Verwaltung der besetzten Gebiete. Die Privatwirtschaft war in diesen neuen Organisationen also stark in hoheitliche Aufgaben eingebunden, dies galt sowohl für die privaten Unternehmen und ihre Lobby, die sowohl finanziell als auch organisatorisch und persönlich z. B. als Sachverständige oder Experten beteiligt waren.[40] Dies macht deutlich, wie stark private und gemischt-wirtschaftliche Unternehmen mit dem Staat und dem Militär kooperierten.

Eine Frage, die aufgrund der bestehenden Forschungslücken bislang nicht beantwortet werden konnte, ist die Frage, ob nun diese neue gemein- oder gemischt-wirtschaftliche Form von Unternehmen effizienter arbeitete als staatliche oder private Unternehmen. Die Eisen- und Stahlindustrie war beispielsweise in der Abwehr staatlicher Reglementierungen sehr erfolgreich, und so wurden die neuen Gesellschaften in dieser Branche nie ein bestimmender Marktteilnehmer. Dies lag auch daran, dass sich die Unternehmen durch Informationsasymmetrien, d. h. ihr besseres Wissen über die Märkte und Produktionsverfahren, ihre Beteiligung an den Kriegsgesellschaften und Lobbyismus große Handlungsspielräume erhalten konnten. Zwar konnten die Gesellschaften ihre Position gegen Kriegsende mit zunehmendem Rohstoffmangel bei einzelnen Rohstoffen wie dem Ferrosilizium verbessern, erlangten aber kaum Einfluss auf die Geschäftstätigkeit der Unternehmen. Dies lag vor allem auch daran, dass Eingriffsmöglichkeiten gegen Rüstungsunternehmen nur wenig vorhanden waren und die Privatwirtschaft auch über eine starke informelle Beteiligung verfügte, dadurch dass ihre Interessenvertreter z. B. als fachkundige Experten oder Mitarbeiter engagiert waren.[41]

Insgesamt scheiterte die Zentralisierung und weitergehende Regulierung der Kriegswirtschaft (z. B. der Preise und des Ab-

---

[40] Ausführlich dazu van de Kerkhof: *Von der Friedens- zur Kriegswirtschaft*, Kapitel VI. und VII.
[41] Ebenda sowie Roth, a. a. O.

satzes) durch den Staat und seine Bürokratie. Weder entstand eine zentrale Stelle, die die Rüstungsproduktion erfasste, überwachte und Aufträge verteilte, noch wurden die Unternehmen in zentralen unternehmerischen Funktionen eingeschränkt.[42] Dies demonstrieren auch die exorbitant gestiegenen Unternehmensgewinne in der Rüstungsindustrie deutlich. Obwohl auch ein großer Teil des enormen kriegswirtschaftlichen Umsatzes in den Ausbau der neuen Rüstungswerke bei Krupp reinvestiert wurde, lagen die Gewinne bei Krupp noch um 250 % höher als im Vorkriegsdurchschnitt, bei Rheinmetall sogar um 1000 %.[43] Dies zeigt, dass für die Rüstungsunternehmen eine effiziente Form der Kriegswirtschaft vorlag, die für den Staat allerdings mit hohen Kosten verbunden war. Genauer geklärt werden müssten daher die langfristigen Auswirkungen der neuen Gesellschaftsform auf das Verhältnis von Staat und Wirtschaft. Zwar gelang es anscheinend nicht, „die Deutsche Wirtschaft dem Kriege dienstbar zu machen", wie es Walther Rathenau meinte.[44] Eher fand wohl eine interessengeleitete Zusammenarbeit in der Kriegswirtschaft statt, wobei auch Unternehmen eigene Interessen wie Profitstreben in Zusammenarbeit mit dem Staat verfolgen konnten, wenn auch Konflikte erhalten blieben, wie die oben zitierten negativen Äußerungen von Carl Duisberg über die Rolle des Staates in der Kriegswirtschaft demonstrieren. Die offene Frage, ob diese gemein-wirtschaftliche Form von Unternehmen also effizienter als andere Unternehmen war, müsste mit neuen Quellenbeständen noch genauer erforscht werden. Umfassende Bestände von dutzenden Kriegsgesellschaften des Industriebereichs, der Ernährungswirtschaft und des Versicherungs- bzw. Bankbereichs liegen im Bundesarchiv Berlin vor und harren noch einer gründlichen Erforschung. Die

---

[42] Vgl. Ehlert: *Die wirtschaftliche Zentralbehörde.*

[43] Mai: *Das Ende des Kaiserreichs und Rudolf Fuchs: Die Kriegsgewinne der verschiedenen Wirtschaftszweige in den einzelnen Staaten an Hand statistischer Daten dargestellt*, Diss. Zürich 1918, S. 89.

[44] So Walther Rathenau in seiner Schrift *Deutschlands Rohstoffversorgung*, in: Ders.: *Gesammelte Schriften*, Bd. 5, Berlin 1929, S. 23-59, hier S. 25.

Überlieferung dieser wichtigen Organisationen der Kriegswirtschaft ist von hohem Wert, weil die Akten des Heeres und des Preußischen Kriegsministeriums weitgehend im Zweiten Weltkrieg vernichtet wurden. Diese Forschungsdesiderate gelten zudem nicht nur für rüstungsindustrielle Kriegsgesellschaften, sondern auch für den Konsumgüterbereich, womit wir zum letzten Thema kommen: dem Konsum im Ersten Weltkrieg.

3. Konsum im Ersten Weltkrieg

Mit dem Beginn des Krieges kam es schnell zu panikartigen Käufen, einem regelrechten „Run auf die Lebensmittelgeschäfte", der auch durch den Aufkauf von Lebensmitteln für die Truppen hervorgerufen wurde. Zunächst waren die Auswirkungen der Wirtschaftsblockade durch die hohe Selbstversorgungsquote in der deutschen Landwirtschaft von eher indirekter Natur: Die Verknappung von importierten Düngemitteln reduzierte nur langsam die Ernteerträge, die Auswirkungen des Arbeitermangels und der Truppentransporte zeigten sich erst allmählich.[45] Dass Versorgungsengpässe erst sukzessive auftraten, zeigt sich deutlich bei einem genaueren Blick auf einige statistische Daten der Agrarproduktion.

Bei Weizen, Roggen und Kartoffeln betrugen die Erntemengen bis 1915 noch über ¾ des Vorkriegswertes und auch die Haferernte war bis 1917 noch recht stabil. Doch ab 1916 trat bei allen hier dargestellten Agrarprodukten ein ernster Mangel ein, da neben den Importen auch noch bis zu 70 % der jährlichen Ernte im Deutschen Reich ausfiel. Wesentlich geringere Mengen als in der Vorkriegszeit konnten auch seit 1915 bei Fleisch, Wurst, Obst und Gemüse sowie Fetten und Ölen konsumiert werden. Erste Lebensmittelunruhen und Hungerkrawalle traten daher seit Mitte 1915 und verstärkt im Winter 1915/16 auf. In Berlin-Lichtenberg erstürmte die unzufriedene Bevölkerung bei

---

[45] Roerkohl: *Hungerblockade und Heimatfront*; Arnulf Huegel:, *Kriegsernährungswirtschaft Deutschlands während des Ersten und Zweiten Weltkriegs im Vergleich*, Konstanz 2003; C. P. Vincent: *The Politics of Hunger. The Allied Blockade of Germany*, 1915-1919, London 1985.

ihren Protesten im Jahr 1915 Geschäfte und Rathäuser. Dies zeigte auch den staatlichen Stellen schlaglichtartig, dass die Versorgungslage nun ein kritisches Stadium erreichte.[46] Ähnliche Unmutsbekundungen schildert der amerikanische Historiker Roger Chickering auch in seiner umfassenden, übersichtlichen und spannend geschriebenen Studie über die Stadt Freiburg im Ersten Weltkrieg.[47]

Tabelle 2: Landwirtschaftliche Produktion, 1910 bis 1920.
(Indexzahlen, 1913 = 100)

Durchschnitt	Weizen	Roggen	Hafer	Kartoffeln	Zuckerrüben
1910-1913	91	92	87	84	86
1914	85	85	93	84	91
1915	83	75	62	100	59
1916	66	73	72	46	55
1917	49	57	38	64	54
1918	50	55	45	46	53
1919	47	50	46	40	31
1920	48	41	50	52	43

Quelle: W. G. Hoffmann: *Das Wachstum der deutschen Wirtschaft*, Berlin 1965, S. 286 f.

[46] Roger Chickering: *Das Deutsche Reich und der Erste Weltkrieg*, München 2002, S. 54 ff. und 170 ff. Vgl. auch Huegel: *Kriegsernährungswirtschaft Deutschlands während des Ersten und Zweiten Weltkriegs im Vergleich* und Vincent: *The Politics of Hunger. The Allied Blockade of Germany, 1915-1919.*
[47] Roger Chickering: *Freiburg im Ersten Weltkrieg. Totaler Krieg und städtischer Alltag 1914-1918*, dt. Ausgabe Paderborn 2009.

Bei einer weiteren quantitativen Aufstellung wird deutlich, wie die Bedarfsdeckung unterschiedlicher Bevölkerungsgruppen aussah:

Tabelle 3: Kriegsernährung in Kcal, 1917.

	Bedarf	Ration	Bedarfsdeckung
Normalverbraucher	2.432	1.294	53 %
Schwerarbeiter	2.945	1.943	66 %
Rüstungsarbeiter	3.072	2.000	65 %
Schwerstarbeiter	3.199	2.248	70 %
Bergmann	3.500	2.521	72 %

Quelle: Anne Roerkohl: *Hungerblockade und Heimatfront*, Stuttgart 1991, S. 297.

Die Normalbevölkerung konnte 1917 demgemäß nur noch ungefähr 50 % des üblichen Tagesbedarfs decken, eine strikte Diät von 1.200 Kalorien also. Auch die Rüstungs- und Schwerstarbeiter konnten nur ungefähr 2.000 Kalorien zu sich nehmen, was bei einer Arbeit im Bergbau oder in der Schwerindustrie bei weitem nicht den täglichen Nahrungsmittelbedarf an Energie von ca. 5.000 bis 6.000 Kalorien deckte. Der Mangel an Nahrungsmitteln führte 1916/17 zum sogenannten „Steckrübenwinter", der schon einen dramatischen Engpass der Nahrungsversorgung im Deutschen Reich offenbarte. Diese Entwicklung hin zu Ersatzstoffen, den Substituten, wie es z. B. Steckrüben für Kartoffeln waren, ist erst ansatzweise erforscht worden. Anne Roerkohl und Arnulf Huegel zeigten beispielsweise, dass mit „Kriegskochbüchern" und „Massenspeisungen" versucht

wurde, den Deutschen die Verschlechterung der Konsummög-
lichkeiten propagandistisch schmackhaft zu machen.[48]

In organisatorischer Hinsicht trat eine Vielzahl von Veränderungen ein: seit 28.10.1914 wurde mit der vorsichtigen Bevor-
ratung von Lebensmitteln begonnen, bald folgten Spar- und Re-
cycling-Maßnahmen und die Gründung spezieller Kriegsgesellschaften für die Ernährung. Seit Februar 1915 wurden Lebensmittel drastisch rationiert und Einkaufsgesellschaften gegründet,
die teilweise zum Kauf im Deutschen Reich dienten, aber auch
den Erwerb und Raub in den besetzten Gebieten durchführten,
z. B. die Zentraleinkaufsgesellschaft mbH für Belgien.[49] Die Tätigkeit dieser Gesellschaften ist bislang ebenfalls weitgehend
unerforscht und bietet noch Stoff für weitere, international ver-
gleichende Forschungen.[50]

Auch für den Bereich der konsumnahen Nahrungsmittelbe-
schaffung waren viele Reichsstellen und -kommissare tätig:
z. B. für Fischversorgung, Getreide, Prüfung von Preisen etc.
Neben der Tätigkeit dieser gemischt-wirtschaftlichen Gesellschaften sollte ein weiterer Bereich zukünftig noch genauer
betrachtet werden: die Ersatzstoffproduktion. Zwar gab es schon
vor dem Krieg einige Ersatzstoffe wie Margarine, Kunsthonig,
Kaffee-Ersatzstoffe, Brühwürfel, Puddingpulver, Süßstoffe wie
Saccharin und Limonaden. Zu Beginn des Krieges entstand mit
den so genannten „Liebesgaben" für die Frontsoldaten aber
schnell ein neuer Fabrikations-Zweig. Dieser neue Markt
versorgte die Front und die besetzten Gebiete mit Produkten, die
lange haltbar, leicht und per Feldpost versandfähig sein mussten. Beispielsweise wurden neuartige Kaffeetabletten, Teepillen,
Punsch- und Grogwürfel, Fleischsaftpillen und andere Produkte

[48] Huegel, a. a. O.; Roerkohl, a. a. O.

[49] Roerkohl: *Hungerblockade und Heimatfront*, S. 210 ff.; Bestand R 8851
Zentraleinkaufsgesellschaft m. b. H. 1915-1926, Bundesarchiv Berlin. Vgl.
Rohlack: *Kriegsgesellschaften*, S. 99-136, 229 ff. und van de Kerkhof: *Von
der Friedens- zur Kriegswirtschaft*, Kapitel V.

[50] Vgl. Ina Zweiniger-Bargielowska/Rachel Duffett/Alain Drouard (Ed.):
Food and War in Twentieth Century Europe, London 2011.

entwickelt und mit einem für die Kriegszeit doch recht hohen Marketing- und Werbe-Aufwand vertrieben.[51]

Insgesamt machte der Anteil von Ersatzstoffen an der Nahrungsmittelversorgung der deutschen Bevölkerung im Krieg etwa ein Sechstel der gesamten Ausgaben für Ernährung aus. Beim Kriegsernährungsamt, das seit 1916 die zentrale Behörde für die Versorgung mit Lebensmitteln im Reich werden sollte, wurden bis Oktober 1917 insgesamt 10.200 Ersatzprodukte angemeldet. Noch im März 1918, als der private Konsum schon deutlich zurückgegangen war, wurden noch über 6.000 künstliche Getränke wie Limonaden, Bier- und Weinimitate, 1.000 verschiedene Suppenwürfel, 800 Ersatzwurstwaren und 500 Kaffee-Ersatzstoffe vermerkt.[52] Dies demonstriert sehr eindrucksvoll, welche hohe Relevanz der Surrogatherstellung zukam, die in der unternehmens- und wirtschaftshistorischen Forschung bislang noch weitgehend unbeachtet geblieben ist. Wir wissen beispielsweise wenig über die Unternehmen, die Ersatzstoffe während des Krieges produzierten und sogar mittel- oder langfristig erfolgreich waren. Vermutet wurden von Anne Roerkohl neben seriösen Herstellern auch „zahlreiche Schwindelfirmen",

> die sich die Mängel auf dem Lebensmittelmarkt und die Unkenntnis der Verbraucher zunutze machten und den Markt mit angeblichem Ersatz für nicht vorhandene, herkömmliche Nahrungsmittel geradezu überschwemmten.[53]

Ob es ihnen dabei um neue Absatzmöglichkeiten, Qualität, Versorgung der Bevölkerung oder gar die Erzielung überhöhter Preise ging, sollte anhand der Akten des Reichsgesundheitsamts und der Unternehmen selbst noch genauer geprüft werden. Die staatliche Nahrungsmittelkontrolle, die schon 1879 eingeführt worden war, konnte hier jedenfalls nur bedingt Erfolge verzeichnen. Erst als es eine Reihe von Missständen gab, v. a. extreme Probleme wie die Gesundheitsgefährdung mit Todesfolge (über 20 Tote) in der Stadt Kamen im August 1918, griff nach

---

[51] Roerkohl: *Hungerblockade*, S. 217-230.
[52] Roerkohl: *Hungerblockade*, S. 217, 224-226.
[53] Zitat siehe ebenda, S. 221.

und nach die staatliche Verwaltung ein. Eine reichseinheitliche Regelung trat aber erst im März 1918 in Kraft und konnte am Kriegsende kaum mehr Wirkung zeigen.[54] Dass der Staat erst spät und mangelhaft in die Problematik der Ersatzstoffversorgung eingriff, lag auch an der Flut von Zulassungsanträgen für Surrogate wie „Topol-Nährkrafthefemehl", „Ambrosia Kriegsfettersatz" oder „Gesunde-Kraft-Wurstersatz", mit denen die kommunalen Nahrungsmitteluntersuchungsämter geradezu überschwemmt wurden. Roerkohl erklärt den Erfolg der Ersatzstoff-Produkte auch damit, dass Produzenten und Konsumenten auf diese Weise natürliche Lebensmittel nachahmen und traditionelle Konsumformen am Kriegsende aufrechterhalten konnten. Ein beliebtes Nahrungsmittel waren beispielsweise die Suppenwürfel, die während des Krieges massenhaft produziert wurden.[55]

Die lokalen Preisprüfungsstellen versuchten, die Verbraucher vor überhöhten Preisen und Wucher sowie Gesundheitsgefährdung zu schützen. Aufgrund der Nahrungsmittelknappheit wurden neue Produkte nur noch in den Fällen nicht zugelassen, in denen gesundheitsgefährdende Auswirkungen zu erwarten waren, z. B. durch Beimengung von Gips oder Sand. Insgesamt verfuhren die Untersuchungsämter aber eher lax. Warum diese Praxis geduldet wurde, sollte zukünftig noch genauer analysiert werden.[56] Roerkohl hat darauf hingewiesen, dass die staatlichen Ämter versuchten, die Bevölkerung ruhig zu halten und Proteste zu vermeiden, dieses Thema daher wenig aufbrachten. Insbesondere das Ruhrgebiet war stark von den Missständen bei der Ersatzmittelproduktion betroffen. Die Propagierung solcher Produkte mit einer Vielzahl von Plakaten und Werbeanzeigen,

---

[54] Ebenda, S. 220 ff.
[55] Siehe ausführlicher Kai Budde: *Unser täglich Brot... Die Industrialisierung der Ernährung. Eine Einführung in die* [gleichnamige] *Ausstellung* [im Technoseum], Mannheim 2011, S. 10-29 und Katalogteil S. 292-303; Hans Jürgen Teuteberg: *Die Rolle des Fleischextraktes für die Ernährungsindustrie und den Aufstieg der Suppenindustrie*, Stuttgart 1990.
[56] Roerkohl: *Hungerblockade*, S. 224-227.

auch mit Hilfe des Nationalen Frauendienstes (mit Parolen wie „Esst Kriegsbrot", „Kocht die Kartoffeln in der Schale", „Seid klug spart Fett", „Kocht mit Kriegskochbuch" und „Helft den Krieg gewinnen"), gelangte im Kriegswinter 1916/17 an Grenzen. Konsumenten protestierten nun auch lautstark öffentlich, als zerkleinerte Kohlrüben für die Brotproduktion eingesetzt wurden und die Fleischproduktion zunehmend ungenießbar wurde. Auch die Versuche, Brot mit Kastanien, Eicheln, Nüssen und Buchenknospen zu strecken, überzeugten nicht und behoben nur den schlimmsten Hunger. Spätestens nach dem Krieg wurde offenbar, dass solche Ersatzstoffe eher als Viehfutter denn als Nahrung für Menschen geeignet waren.[57] Weshalb und auf welche Weise nicht nur die Kriegsgesellschaften, sondern auch die privaten Unternehmen die neuen Ersatzprodukte wie das „Kriegs-Brot", die „Kriegsmarmelade" oder „Kriegsmus" produzierten, ist von der Forschung zukünftig genauer zu klären. Es gibt viele Quellenbestände im Bundesarchiv, den Landes- und Kommunalarchiven, die der genaueren Erforschung noch harren, insbesondere auch die lokalen Überlieferungen sind hier interessant. Denn wie der überwiegende Teil der Unternehmen wurden vor Ort auch Schulkinder und Jugendliche in die Kriegswirtschaft eingespannt. Sie sollten Brennnesseln für Kleidung aus Pflanzenfasern, aber auch Seifenstücke, Fettreste sowie ölhaltige Nüsse und Kerne zur Fett- und Sodagewinnung sammeln. Somit war die breite Bevölkerung einbezogen, um die Kriegswirtschaft aufrecht zu erhalten und Rohstoffe zu sparen. Zur gleichen Zeit wurde in Großbritannien für den Ersatz von Fleisch durch Fisch geworben, was deutlich macht, dass hier noch eine andere und kalorisch wesentlich höherwertige Versorgung angeboten werden konnte. Fleisch und Fisch mussten nicht durch Streckrüben ersetzt werden. Wie auch neuere Untersuchungen zu den Städten Berlin, Marburg, Wuppertal und dem Raum Hannover zeigen, ist die Überlieferung auf der regionalen bzw. lokalen Ebene zur Klärung solcher

---

[57] Ebenda, S. 210 und 216 f.

spezifischer unternehmens- und wirtschaftshistorischer Fragen zukünftig sehr gut nutzbar und lässt noch manche Funde erwarten.[58]

4. Ausblick

Die neuere Historiographie des Ersten Weltkrieges befasste sich in den letzten beiden Jahrzehnten vornehmlich mit kulturellen Phänomenen und Methoden. Es kam geradezu zu einer „Ent-Ökonomisierung" der Geschichtswissenschaft, wie es der renommierte Sozialhistoriker Jürgen Kocka nannte.[59] Insbesondere neuere Studien blenden das Themenfeld der Ökonomie gänzlich aus und kehren mitunter gar zu einer Geschichtsbetrachtung der 1950er Jahre zurück, in der Politik- und Diplomatiegeschichte der „Großen Männer und großen Mächte" dominierten.[60] Wie deutlich wurde, ist die Bedeutung der Wirtschaft im Ersten Weltkrieg aber zentral. Zahlreiche Problemfelder harren hier noch einer genaueren Erforschung, die auch nach der Hochkonjunktur der Weltkriegsforschung in den 1970er und 1980er Jahren im Anschluss an die Fischer-Kontroverse nicht bearbeitet wurden. Ich möchte daher dafür plädieren, die wirt-

[58] Landschaftsverband Rheinland (Hg.): *Mit uns zieht die neue Zeit ... Konsumgenossenschaften im Rheinland 1900–1918* (Ausstellungskatalog), Wuppertal/Köln 2014; Thomas Schindler: *Ernährung in der Krise: Anmerkungen zur Ersatzmittelbewirtschaftung in Marburg während des Kriegsjahres 1916*, in: *Zeitschrift des Vereins für Hessische Geschichte und Landeskunde* 111 (2006), S. 219-236; George Yaney: *The World of Manager. Food Administration in Berlin during World War I*, New York 1994; Jürgen Rund: *Ernährungswirtschaft und Zwangsarbeit im Raum Hannover 1914 bis 1923*, Hannover 1992.

[59] Jürgen Kocka: *Bodenverluste und Chancen der Wirtschaftsgeschichte*, in: *Vierteljahrschrift für Sozial- und Wirtschaftsgeschichte* 82 (1995), S. 501-504, hier S. 503.

[60] Vgl. dazu eines der wesentlichen Quellenwerke zum diplomatischen Versagen der Vorkriegszeit, das in den 1920er Jahren herausgegeben wurde: *Die Große Politik der europäischen Kabinette 1871–1914. Sammlung der diplomatischen Akten des Auswärtigen Amtes*. Im Auftrag des Auswärtigen Amtes hg. von J. Lepsius/A. Mendelssohn Bartholdy/F. Thimme, 40 Bde., Berlin 1922-1927.

schaftlichen und sozialen Entwicklungen nicht zu vergessen. Der Krieg der „Ideen von 1914"[61] war auch ein Krieg, der mit Kanonen, Maschinengewehren, Giftgas und Kampfschiffen geführt wurde, die Millionen Menschen das Leben kosteten. Dies wäre ohne die enormen Anstrengungen der Kriegswirtschaft nicht möglich gewesen. Zudem belasteten die sozio-ökonomischen Verwerfungen des „Großen Krieges" – vor allem die verdeckte Inflation durch die stille, ungedeckte Kriegsfinanzierung – auch die Weltwirtschaft in den 1920er Jahren und begründeten damit erst die „Urkatastrophe des Jahrhunderts", wie der amerikanische Diplomat und Historiker George F. Kennan den Ersten Weltkrieg metaphorisch beschrieb. Die deutsche Wirtschaftsgeschichte hat sich mit diesen Folgen im Rahmen der unternehmenshistorischen Erforschung des Nationalsozialismus in den letzten Jahren intensiv auseinandergesetzt. Allerdings blieben dabei der Erste Weltkrieg und die frühe Weimarer Republik weitgehend ausgespart. Mir scheint es nun an der Zeit zu sein, den Blick wieder stärker auf größere Zusammenhänge und damit auch auf die Zeit des Ersten Weltkriegs zu lenken. Wie dargestellt, wartet noch eine Vielzahl lokaler, regionaler aber auch nationaler Quellenbestände auf eine genauere Analyse und sollte vor allem in transnationalen und international vergleichenden Studien gehoben werden. 100 Jahre nach dem Beginn des Weltkrieges ist es dafür dringend an der Zeit!

[61] Zeitgenössisch: Johann Plenge: *1789 und 1914. Die symbolischen Jahre in der Geschichte des politischen Geistes*, Berlin 1916 und Rudolf Kjellén: *Die Ideen von 1914. Eine weltgeschichtliche Perspektive*, Leipzig 1915. Siehe auch Wolfgang J. Mommsen: *Der Geist von 1914. Das Programm eines politischen Sonderweges der Deutschen*, in: Ders.: *Der autoritäre Nationalstaat. Verfassung, Gesellschaft und Kultur des deutschen Kaiserreiches*, Frankfurt a. M. 1992, S. 407-421.

GERHARD HIRSCHFELD

Das historische Erbe des Ersten Weltkriegs im 20. Jahrhundert

Wenn dieser Tage vom Ersten Weltkrieg die Rede ist – und wann ist im Gedenkjahr 2014 in den Medien einmal nicht vom Ersten Weltkrieg die Rede? –, dann fällt garantiert irgendwann auch der Begriff von der „Urkatastrophe des 20. Jahrhunderts". Diese (inzwischen reichlich strapazierte) Formulierung stammt bekanntlich von dem US-amerikanischen Historiker und Diplomaten George Frost Kennan, der im Krieg von 1914-1918 den „Samen" angelegt sah für die Katastrophe eines nachfolgenden, noch weitaus schrecklicheren Weltkriegs. Deswegen lautet auch das Originalzitat: der Erste Weltkrieg sei „the great seminal catastrophe".

Seit einiger Zeit hat sich zu der „Urkatastrophe" ein weiterer Begriff hinzugesellt: jener vom „zweiten Dreißigjährigen Krieg", der 1914 begonnen hat und 1945 endete. Als Urheber des Epochenbegriffs vom „zweiten Dreißigjährigen Krieg" gilt der französische Staatspräsident Charles de Gaulle, der diese Formulierung wiederholt in seinen Reden und Schriften während der Londoner Exilzeit verwandte; der französische Politikwissenschaftler und Publizist Raymond Aron sorgte später für die weitere Verbreitung. Allerdings gehörte der Topos von einem neuen „Dreißigjährigen Krieg" bereits seit der Mitte des 19. Jahrhunderts zur Schreckensvision künftiger Kriege in Europa: er findet sich unter anderem schon bei dem deutschen Philosophen Karl Marx (in einem Artikel von 1858 für die New York Daily Tribune) ebenso wie bei seinem revolutionären Unternehmerfreund Friedrich Engels, der ungewöhnlich hellsichtig bereits 1887 von einem kommenden „Weltkrieg" sprach, – „mit Verwüstungen des Dreißigjährigen Krieges zusammengedrängt in drei bis vier Jahre". Ähnlich visionär äußerte sich der preußisch-deutsche Generalfeldmarschall Helmuth von Moltke (der Ältere), der 1890 in seiner (Abschieds-)Rede vor dem Reichstag vor einem möglichen europäischen „Volkskrieg" warnte:

> Meine Herren, es kann ein siebenjähriger, es kann ein dreißigjähriger Krieg werden und wehe dem, der Europa in Brand steckt, der zuerst die Lunte in das Pulverfass schleudert!.

Beide Begriffe, der von der Urkatastrophe wie der von einem „Zweiten Dreißigjährigen Krieg" weisen aber auf den gleichen Sachverhalt hin: der Erste Weltkrieg zeitigte Folgen und Konsequenzen, die für die Geschichte des 20. Jahrhunderts außerordentlich und wegweisend waren. Das ist das Thema meines heutigen Vortrages: ich frage nach dem Charakter des Kriegs von 1914-1918 und nach jenen Ereignissen und Eigenschaften, die ihn als zukunftsträchtig ausweisen sowie abschließend nach den besonderen Verbindungen (neudeutsch: den *links*) zwischen den beiden Weltkriegen. Daran, dass der Verlauf und Ausgang des Ersten Weltkriegs die Geschichte Europas sowie der übrigen Welt in entscheidendem Maße geprägt hat, besteht kein vernünftiger Zweifel. Der Weltkrieg führte zum Untergang von vier kaiserlichen Großreichen – des Deutschen Kaiserreichs, des Russischen Reiches, Österreich-Ungarns sowie des Osmanischen Reiches – und er bahnte den USA den Weg zur Weltmacht. Er löste die Russische Revolution aus und wurde so zum Geburtshelfer der Sowjetunion. Weder der Aufstieg des italienischen Faschismus noch der des deutschen Nationalsozialismus wären ohne den Ersten Weltkrieg denkbar. Auch vermochte der Krieg nicht die bereits lange vor 1914 anstehenden Konflikte auf dem Balkan zu beseitigen – im Gegenteil: er verschärfte sie noch. Dafür bescherte sein Ausgang der Welt im Nahen Osten neue, teilweise bis heute ungelöste Probleme. Andererseits fungierte der Erste Weltkrieg, wie es jüngst ein polnischer Historiker formulierte, gleichsam als Hebamme einer Reihe von Staaten in Mittelosteuropa (und der polnische Kollege fügte beinahe sarkastisch hinzu: über diese Hebamme lasse sich nicht nur Schlimmes feststellen – zumindest nicht für sein Land). All das, meine Damen und Herren, gehört mittlerweile zum Grundwissen der Geschichte des 20. Jahrhunderts, erklärt jedoch nicht das Ursächliche und Wegweisende des Weltkrieges, den schon die Zeitgenossen als den „Großen Krieg" bezeichneten: „The Great War", „La Grande Guerre", „De Groote Oorlog", „Velikaja Vojna".

Was diesen Krieg bereits in den Augen der Mitlebenden „groß" werden ließ, war die Tatsache, dass der Erste Weltkrieg ein „industrialisierter Volkskrieg" war, in welchem individuelle Opfer millionenfach gefordert und scheinbar bereitwillig entrichtet wurden. Allein der Kriegsanfang im August und September 1914 mit seinen ungemein blutigen „Grenzschlachten" in Elsass-Lothringen brachte höhere Verluste an Soldaten als der gesamte Deutsch-Französische Krieg von 1870/71. Die Soldaten des Weltkrieges wurden immer stärker zu Menschenopfern eines industrialisierten Kriegs, in dem der mechanisierte Tod sie ergriff wie in einem „Menschenschlachthaus". Der Begriff „Menschenschlachthaus" geht auf Wilhelm Lamszus zurück, einen Hamburger Volksschullehrer und Schriftsteller, der bereits 1912 – also zwei Jahre vor dem Ausbruch des Krieges – mit großer Eindringlichkeit den Schrecken, das Ausmaß und insbesondere die Brutalität eines kommenden Krieges beschrieb und damit literarisch vorwegnahm. Bezeichnenderweise wurde „Das Menschenschlachthaus" im Zweiten Kriegsjahr von der deutschen Militärzensur verboten. Erst 1919 erschien das Buch erneut, zusammen mit einer Fortsetzung (Titel „Das Irrenhaus") und mit einem Vorwort des deutschen Pazifisten und späteren Friedensnobelpreisträgers Carl von Ossietzky. Lamszus' Roman erlebte insgesamt mehr als 70 Auflagen und wurde in zahlreiche Sprachen übersetzt. Er gilt heute als ein – zu Unrecht nahezu vergessener – Vorläufer eines anderen großen Antikriegsromans, des 1929 als Buch erschienen, späteren Weltbestsellers „Im Westen nichts Neues" von Erich Maria Remarque.

Von den zwischen August 1914 und November 1918 weltweit eingesetzten mehr als 60 Millionen Soldaten verloren nahezu zehn Millionen ihr Leben: auf den Tag gerechnet waren dies 6000 (!) Soldaten. Etwa 15 Millionen Soldaten wurden verwundet: Manche hatten die Folgen der Verwundung ein ganzes Leben zu tragen, für viele verkürzte sich dadurch die Lebenserwartung erheblich. Zwar wiesen auch frühere Kriege ähnlich hohe Todesraten unter den Soldaten auf, doch waren diese Kriege im Allgemeinen kürzer, und überhaupt kamen – bezogen auf die gesamte Bevölkerung – sehr viel weniger Soldaten zum Einsatz (im Deutsch-Französischen Krieg von 1870/71 waren es 36 Soldaten auf 1000 Einwohner, verglichen mit 197 Soldaten auf 1000 Einwohner im Ersten Weltkrieg). Die Soldaten fielen nicht nur in den großen Schlachten an der Westfront – etwa in Flandern, bei Verdun und an der Somme –, dort, wo für nur wenige Kilometer Bodengewinn Hunderttausende ihr Leben lassen mussten. Auch im Osten Europas, auf dem Balkan, in den Alpen, im Vorderen Orient – sogar in Afrika und Asien wütete dieser Krieg und kostete zahllose Menschenleben. Zugleich kämpften, auch auf den europäischen Kriegsschauplätzen, Soldaten aus zahlreichen nicht-europäischen Nationen und Völkerschaften. Der Erste Weltkrieg war also im wahrsten Sinne des Wortes ein *globales* Ereignis.

Doch gestorben wurde nicht nur an den militärischen Fronten des Krieges. Auch unter den Zivilbevölkerungen forderte der Erste Weltkrieg unermessliche Opfer: als Ergebnis von Krieg und Besatzung, als Folge von Hunger und Epidemien sowie als Ziel völkermörderischer Vertreibungen. Hierzu gehören auch die im Osmanischen Reich während des Weltkriegs verübten, von der Regierung der Jungtürken beschlossenen bzw. sanktionierten Deportationen und Massakern an den Armeniern, die durchaus einem Genozid, also einem Völkermord, entsprechen (auch wenn der Begriff bis heute umstritten bleibt). Doch anders als bei den gefallenen Soldaten, wo die Mobilmachungsakten und Gefallenenlisten einigermaßen zuverlässige Angaben liefern, lässt sich die Zahl der zivilen Toten des Weltkriegs weder damals noch heute genau bestimmen. Hier sind Historiker wie Demographen auf Annäherungswerte bzw. auf Schätzungen angewiesen. Die Zahl von ca. sechs Millionen im Verlauf des Weltkriegs getöteter Zivilisten, die wir in unserer „Enzyklopädie Erster Weltkrieg" nennen, gilt zwar als einigermaßen gesichert, doch dürfte sie eher zu niedrig sein. Dies zeigt schon der Blick auf Russland, wo die Trennung zwischen den zivilen Opfern als Folge des Weltkriegs und den zivilen Opfern von Revolution und Bürgerkrieg nach 1917 kaum möglich ist. Der Hungerwinter von 1916/17, der hierzulande eher euphemistisch als „Steckrüben- oder „Kohlrübenwinter" bekannt ist, forderte – auch als Konsequenz der britischen Seeblockade – allein in Deutschland Hunderttausende von Menschenleben, vor allem in den ärmeren Bevölkerungsschichten. Waren es 1917 vor allem die Älteren, die den Hungertod starben, so raffte die vermutlich von den USA ausgegangene Grippeepidemie („Spanische Influenza") seit dem Sommer 1918 Menschen aller Altersgruppen und in allen Nationen hin, deren körperliches Immunsystem durch den Krieg und seine Begleitumstände geschwächt war. Weltweit wird die Zahl der Opfer dieser Pandemie auf mehr als 35 Millionen geschätzt, wobei natürlich vollkommen ungesichert ist, wie viele davon auf den Krieg selbst zurückgehen.

Doch kehren wir zu den Soldaten und dem Sterben auf den Schlachtfeldern zurück. Die zu Beginn des Weltkriegs weithin propagierten Ideale der individuellen Tapferkeit und des selbstlosen Einsatzes für das Vaterland wurden rasch obsolet; gefragt waren stattdessen Leidensfähigkeit und Durchhaltevermögen unter extremen und widrigsten Verhältnissen. Der heldenhafte Kampf unter den Bedingungen des Stellungskrieges reduzierte sich auf die Erfahrung von Kälte, Schlamm und Nässe, auf das Ertragen von Ungeziefer und Krankheiten und die verzweifelten Versuche, dem feindlichen Artillerie- und Schrapnellbeschuss zu entkommen. Das Schrapnell – der häufigste Todesbringer auf dem Schlachtfeld – traf unterschiedslos Mutige und Feige, Vorsichtige und Draufgänger. Angesichts des weithin anonymen

Massensterbens verlor der Tod des Einzelnen seine ihm zuge-
schriebene Sinnhaftigkeit, nicht nur deshalb, weil die Körper der
Gefallenen häufig bis zur Unkenntlichkeit verstümmelt waren.
Bemerkenswerterweise stellte grade diese Vorstellung für die
Soldaten häufig genug eine traumatische Perspektive dar.

> Durch die Kugel zu sterben, scheint nicht schwer; dabei bleiben die
> Teile unseres Wesens unversehrt; aber zerrissen, in Stücke gehackt,
> zu Brei gestampft zu werden, ist eine Angst, die das Fleisch nicht
> ertragen kann

so lautete die entlarvende Mitteilung eines Soldaten in einem
Feldpostbrief an seine Familie.

Aus dieser Beliebigkeit des Massentodes entstand eine neue,
ungeheuerliche Gleichgültigkeit gegenüber dem menschlichen
Leben, die fürchterliche Konsequenzen zeigte. Die totalitären
Systeme der 1920er und 1930er Jahre mit ihrer Verachtung und
Negierung des Individuums, mit ihren wahnwitzigen Zukunfts-
vorstellungen und technokratischen Visionen waren direkte Folgen dieser elementaren Kriegserfahrung der Zufälligkeit des
Überlebens und Sterbens in militärischen Planungszusammen-
hängen. Dieses Denken bildete sich bereits während des Krieges
heraus, als die Generäle Falkenhayn, Ludendorff, Foch, Haig
und Nivelle von ihren „weitab vom Schuss" befindlichen Kom-
mandozentralen Operationen planten und durchführen ließen,
die das „Aufopfern" von Hunderttausenden von Soldaten kalt-
blütig einkalkulierten. Überzeugt von der Überlegenheit der Offensive setzten diese Generäle der neuen Waffentechnik das moralische Element des Angriffs von Massenheeren entgegen.
„Maximum slaughter at minimum expense" (das größtmögliche
Gemetzel bei möglichst geringen Kosten) – mit dieser zynisch
klingenden Feststellung hat der englische Philosoph und Pazifist
Bertrand Russel die von der Generalität aller Seiten aufgestellte
Kosten-Nutzenrechnung über die menschlichen Verluste im
Ersten Weltkrieg zutreffend auf den Punkt gebracht.

Ursächlich und zugleich wegweisend war somit der Einsatz
immer neuer und schrecklicherer Waffen und Geräte. Dies gilt
nicht nur für das bereits im Burenkrieg und im Russisch-Japani-

schen Krieg zu Beginn des 20. Jahrhunderts eingesetzte und zunehmend perfektionierte Maschinengewehr sowie die immer größere ballistische Leistungen aufweisende Artillerie (beide waren die größten Todbringer auf den Schlachtfeldern des Weltkriegs). Der „Große Krieg" war der erste Krieg, in dem Panzer (wegen ihres ungetümen Aussehens Tanks genannt) eingesetzt waren, die 1918 zur kriegsentscheidenden Waffe werden sollten. Der Durchbruch der britischen Tanks bei Amiens am 8. August 1918 wurde zum „schwarzen Tag des deutschen Heeres" (wie Ludendorff dieses Ereignis 1919 in seinen apologetischen Memoiren beschrieb). Auch dem Flugzeug, das bereits mit Maschinengewehren bestückt war und als angriffstauglich galt, kam immer größere Bedeutung zu. So leiteten die Alliierten ihre Offensiven an der Somme 1916 und in Flandern 1917 sowie die Deutschen das Unternehmen Michael im Frühjahr 1918 mit dem Kampf um die Erringung der Luftüberlegenheit ein. Durch den „Gaskrieg", der wie nichts anderes die Soldaten aller Nationen mit Entsetzen erfüllte, veränderte sich ab 1915 die Kriegsszenerie erheblich, nicht zuletzt dadurch, dass das so genannte „Gasieren" der feindlichen Truppen (so nannte man das tatsächlich!) dem Krieg psychologisch wie ideologisch eine vollständig neue Dimension gab. Der Gaskrieg erschien den Spezialisten nach 1918 als die entscheidende Waffe des modernen Krieges. Manche Militärs waren fest davon überzeugt, dass der nächste Krieg ein Gaskrieg sein werde. Der Schriftsteller Ernst Jünger, der Vordenker des soldatischen Nationalismus und Interpret des Schlachtenerlebnisses, mahnte im Jahre 1930, nicht zu übersehen, dass der Weltkrieg im Felde stecken geblieben sei und dass der nächste Krieg sich der großen Städte annehmen werde. So zutreffend Jüngers Vorahnung war – originell war sie nicht. Sie spiegelte nur die in der Zwischenkriegszeit allgemein verbreitete Überzeugung, dass in einem kommenden Krieg die Städte durch den Einsatz von Gas zu Geisterstädten werden würden. Kaum jemand hat vorhergesehen, was dann tatsächlich eintrat, nämlich dass die Städte *nicht* durch das Gas, sondern durch Bomben und Granaten ausradiert wurden, wie es von Warschau bis Rotterdam, von Coventry bis Belgrad, von Hamburg bis Leningrad, von Dresden bis Hiroshima dann wirklich geschah.

Eine weitere zukunftsträchtige Eigenschaft war die Tatsache, dass dieser Krieg bereits in Ansätzen umfassend, also *total*, war, wie dies schließlich auf den ihm nachfolgenden Zweiten Weltkrieg zutraf. Zu diesen Elementen eines ansatzweise „totalen Krieges" zählten zum einen die in den kriegführenden Nationen anzutreffende Mobilisierung aller Ressourcen, einschließlich des zivilen Sektors, die Propagierung totaler Kriegsziele zur Rechtfertigung der ungeheuren Kriegsanstrengungen, die zunehmende *Entgrenzung* der Kriegführung durch eine weitgehende Missachtung des Kriegsvölkerrechts, die immer wieder festzustellende Aufhebung der Grenzen zwischen Kombattanten und Nichtkombattanten (also zwischen Militär und Zivilbevölkerung), bereits Formen und Zustände „ethnischer Säuberungen", wie sie beispielsweise von den Russen in Galizien, von den Österreichern in Serbien oder den Türken gegenüber der eigenen armenischen Bevölkerung praktiziert wurden, ferner eine oftmals skandalöse und grausame Behandlung der Kriegsgefangenen innerhalb wie außerhalb der Lagerwelten, die Zerstörung der gegnerischen Infrastruktur und selbst ganzer Orte und Landschaften (also bereits Strategien der sog. „verbrannten Erde"), wie sie etwa auf deutscher Seite im Frühjahr 1917 beim Rückzug von der Somme in die so genannte Siegfried-Stellung praktiziert wurde, und schließlich die Ausübung einer totalen Kontrolle der Kriegsgesellschaften durch politische und militärische Institutionen und Behörden. Das „Hindenburg-Programm" der 3. OHL ab 1916, aber auch schon einige Maßnahmen der Regierung Lloyd George in Großbritannien lassen die Absicht einer totalen Mobilisierung und Kontrolle erkennen.

Und noch ein letzter Punkt: Charakteristisch und zukunftsweisend waren nicht zuletzt die Technik einer Verteufelung des Gegners, die sich im Krieg und durch den Krieg entwickelten. Historisch neu war vor allem das Phänomen der Propaganda als eines Instruments zur Verstärkung des Durchhaltewillens der eigenen Bevölkerungen. Es war eine Propaganda, die hemmungslos medialisiert war, die u. a. die Fotografie und den Film einsetzte und gegen Ende des Krieges Fliegerabwurfzettel millionenfach aus Flugzeugen herabregnen ließ; es war eine Propaganda, die in den schrecklichsten Farben und in Massenauflagen von Druckwerken aller Art den Gegner zum „Hunnen", zum „Barbaren", zum „Teufel" machte; diese Propaganda erzeugte gleichsam die Begleitmusik zur „Barbarisierung der Kriegführung".

In die Vielfalt der Stimmen bei Kriegsausbruch mischten sich sehr rasch auch chauvinistische Töne und Anklagen. Hierzu gehört auch die ideologische Steigerung und Überhöhung des Krieges zu einem „Krieg der Kulturen", wie ihn beispielsweise deutsche Professoren und andere Intellektuelle bereits 1914 propagierten. In einem von 93 Gelehrten, Schriftstellern und Künstlern unterzeichneten Aufruf „An die Kulturwelt" von Anfang Oktober 1914 suchten diese die öffentliche Meinung in Deutschland und in den neutralen Ländern zu beeinflussen und zugleich die Anschuldigungen der gegnerischen Propaganda zu widerlegen. Der erste Satz lautete bezeichnenderweise:

> gegen die Lügen und Verleumdungen, mit denen unsere Feinde Deutschlands reine Sache in dem ihm aufgezwungenen schweren Daseinskampf zu beschmutzen trachten.

Doch das kriegsvölkerrechtswidrige Verhalten der deutschen Truppen bei ihrem Vormarsch in Belgien und Nordfrankreich (u. a. durch Massaker an Zivilisten, Geiselerschießungen und die Zerstörung der berühmten Universitätsbibliothek in Löwen) ließ sich, trotz gegenteiliger Behauptungen der Reichsregierung, es handele sich um „gerechte Vergeltungsaktionen" gegenüber Freischärlern (Franktireuren), nicht rechtfertigen. Der „Aufruf der 93" fand in der akademischen Welt außerhalb Deutschlands, nicht zuletzt auch in den neutralen Ländern (Schweiz, Niederlande), ein überwiegend negatives Echo. Besonders empörte die nicht-deutschen Gelehrten der im Aufruf enthaltene Hinweis auf die enge Verbindung zwischen Militarismus und Kultur, der in dem Satz gipfelte: „Ohne den deutschen Militarismus wäre die deutsche Kultur längst vom Erdboden getilgt." Das Manifest der

Schriftsteller, Wissenschaftler und Künstler hatte erhebliche Auswirkungen auf den inzwischen auf allen Seiten voll entbrannten „Krieg der Geister", dessen Auswirkungen noch lange nach Kriegsende spürbar waren.

Es ließen sich noch weitere Beobachtungen zum Charakter des Krieges anführen, doch belassen wir es zunächst einmal bei den genannten und versuchen ein vorläufiges, gleichsam einleitendes Fazit. In meiner Sicht liegt das wegweisende und unüberschreitbar moderne Moment des „Großen Krieges" darin, dass der Erste Weltkrieg ein industrialisierter Massen- und Maschinenkrieg war, der schließlich seine ganz eigene Gesetzmäßigkeit entwickelte – eine Gesetzmäßigkeit, von der auch die Militärexperten zuvor keine Ahnung gehabt hatten. Graf Schlieffen beispielsweise, der wohl bedeutendste deutsche Stratege *vor* dem Ersten Weltkrieg ging davon aus, dass der (auch von ihm für zwangsläufig gehaltene) Krieg rasch beendet sein werde, weil es keine zivilisierte Nation Europas darauf ankommen lassen werde, ihre gesamten Produktivkräfte zerstören zu lassen. Deshalb ja auch Schlieffens entsprechende Planungen, die auf der Annahme und Notwendigkeit einer kurzen Dauer des Krieges beruhten. Für seine schnellen Offensiven im Westen und im Osten gedachte er ca. zwei Millionen Soldaten zu mobilisieren. Hätte man Schlieffen erklärt, dass in einem kommenden Weltkrieg auf deutscher Seite schließlich mehr als 13 Millionen Mann eingesetzt würden (wie geschehen), hätte er eine solche Prognose als vollkommen wirklichkeitsfremd zurückgewiesen, wie übrigens alle militärischen Experten seiner Zeit.

Allein der große Militärtheoretiker Karl von Clausewitz hatte solche Entwicklungspotentiale bereits 80 Jahre zuvor vorausgeahnt, als er darlegte, dass ein Krieg logischerweise „keine Grenze in sich selber" habe, und dass in dem Maße wie jeder der beiden Kontrahenten versuche, dem anderen „sein Gesetz zu geben", jeder Krieg die Tendenz habe, „absolut" (also total) zu werden. Deshalb müsse es das Ziel der Politik sein – so Clausewitz –, den Krieg „einzuhegen", ihn nicht über das politische Ziel hinausschießen zu lassen. Im Ersten Weltkrieg geschah etwas Neues, was diese Maxime alter „Staatskunst" zerbrach: In einem zunehmend totaler werdenden Krieg diente die Politik schließlich mehr und mehr dieser Totalisierung. Als die Deutschen im Herbst 1918 wegen Erschöpfung der demographischen und wirtschaftlichen Ressourcen den Kampf abbrechen mussten, blieben die aus den Fugen geratenen politischen Bestandteile des Krieges – Ideologie, Hass, Rache, Feindschaft – weitgehend ungetilgt und kondensierten sich in neuen Formen: in Deutschland beispielsweise in den Freikorps oder in nationalistischen Soldatenbünden wie dem „Stahlhelm" oder in politischen extremistischen Gruppierungen wie der NSDAP. Auch zahlreiche Veteranenverbände betätigten sich nach dem Krieg auf dem Feld der Revanchepolitik: Sie forderten eine autoritäre Staatsform und die Wiederaufrüstung, propagierten den Kampf gegen den Versailler Vertrag und warfen ihren innenpolitischen Gegnern nationalen Verrat vor. Eine ähnliche Entwicklung stellen wir in Italien fest, das zwar als Sieger aus dem Krieg hervorgegangen war, wo der „verstümmelte Sieg" (so der Schriftsteller Gabriele D'Annunzio) und die „gefühlte" Niederlage zu einer gefährlichen innenpolitischen Radikalisierung geführt hatten. Das Ergebnis war der von den *arditi* (Sturmtruppen) des Weltkriegs maßgeblich geprägte *squadrismo* mit seiner emphatischen Zurschaustellung alles Militärischen und der Verächtlichmachung des zivilen Lebens sowie der Aufstieg des Faschismus und die gewaltsame Eroberung der politischen Macht durch Benito Mussolini.

Einige Historiker sehen daher die verhängnisvollste Erbschaft des Krieges in einer nachhaltigen „Brutalisierung" der Gesellschaften in den ehemals kriegführenden Staaten. So etwa nannte der britische marxistische Historiker Eric J. Hobsbawm in seiner großen Studie über das „Zeitalter der Extreme" (einer Weltgeschichte des 20. Jahrhunderts) den Ersten Weltkrieg eine „Maschine zur Brutalisierung der Welt". Der bekannte US-amerikanische Kulturhistoriker George L. Mosse („Gefallen für das Vaterland") sah in der Gewalterfahrung des Weltkriegs gar die entscheidende mentale Voraussetzung für den Aufstieg von Nationalsozialismus und Faschismus. Bei der unter Historikern viel diskutierten „Brutalisierungsthese" ist allerdings zu unterscheiden zwischen einer Brutalisierung der ehemaligen Frontsoldaten als Individuen und einer Brutalisierung der politischen Kultur in der Zwischenkriegszeit, die in einigen Staaten durch extreme Gewalt charakterisiert war. Nach einem vorübergehenden Anstieg der individuellen Tötungsdelikte in den unmittelbaren Nachkriegsjahren sank die Zahl der Gewaltverbrechen in den ehemaligen Kriegsgesellschaften Europas; teilweise fiel die Kriminalitätsrate bei Schwerverbrechen im Verlauf der 1920er Jahre sogar unter das Niveau der Vorkriegszeit. Der zu konstatierende Anstieg der Kriminalität in Deutschland wiederum betraf – darauf hat Dirk Schumann hingewiesen – vor allem Eigentumsdelikte, die eng mit der Hyperinflation von 1923 und der Weltwirtschaftskrise nach 1929 zusammenhingen, nicht jedoch die gewöhnliche Gewaltkriminalität. Der Befund ist also eindeutig: Die überwiegende Mehrheit der demobilisierten Soldaten war demnach durch ihre Erlebnisse und Erfahrungen im Krieg nicht brutalisiert bzw. gewalt-kriminalisiert worden.

Hingegen standen die zahlreichen politischen Gewalttaten und -aktionen in vielen europäischen Ländern unmittelbar nach 1918 (darunter Bürgerkriege und Freikorpskämpfe, Straßenschlachten und gewaltsame innenpolitische Auseinandersetzungen) in einem direkten Zusammenhang mit dem Ersten Weltkrieg. Allerdings wirkten sich hierbei auch unterschiedliche politische Kulturen und Traditionen aus, deren Wurzeln wiederum in den divergierenden Formen und Wegen der Nationalstaaten in Europa lagen. In Russland und den nach Westen angrenzenden Territorien der späteren Sowjetunion ging der Erste Weltkrieg nahezu bruchlos in einen jahrelangen, dazu ungemein verlustreichen, Bürgerkrieg über. In Deutschland kam es im Gefolge der Revolution von 1918/19 vor allem in den Großstädten zu bürgerkriegsähnlichen Auseinandersetzungen sowie insbesondere in den östlichen Grenzgebieten des Reiches zu Volkstumskämpfen, an denen die so genannten Freikorps erheblichen Anteil hatten; nach 1921 beruhigte sich die innenpolitische

Situation weitgehend, mit Ausnahme des Krisenjahres 1923 (Stichworte: Ruhrkampf, Hitler-Putsch), bevor die Situation Ende der 1920er Jahre erneut eskalierte, ohne jedoch nur annähernd die Opferzahlen aus den ersten Nachkriegsjahren zu erreichen. Ebenso war die Nachkriegszeit in Italien von einem extrem hohen Maß an öffentlicher Gewalt geprägt – übrigens weitaus massiver als in Deutschland –, und diese Gewalt – daran besteht kein Zweifel – fungierte gleichsam als Türöffner für die Machtübernahme der Faschisten unter Mussolini. An nahezu allen diesen Gewalttaten waren ehemalige Teilnehmer des Weltkriegs in erheblichem Umfang beteiligt.

Zwar erlebten auch Frankreich und Großbritannien nach Kriegsende soziale Konflikte und teilweise handfeste Auseinandersetzungen auf den Straßen, etwa beim großen englischen Bergarbeiterstreik von 1926, allerdings endeten diese gesellschaftlichen Konfrontationen und Arbeitskämpfe mit vergleichsweise geringen Opfern. Während Großbritannien weitgehend von politischer Gewalt verschont blieb (eine Ausnahme ist das Vorgehen von Polizei und paramilitärischen Verbänden – den berüchtigten „black and tans" – gegen die irische Unabhängigkeitsbewegung zu Beginn der 1920er Jahre), kam es in Frankreich Anfang der 1930er Jahre zu massiven Konflikten zwischen der extremen Linken und Rechten. Dennoch lassen sich die hier skizzierten gewaltsamen Entwicklungen kaum oder nur noch sehr bedingt dem Erbe des Ersten Weltkriegs anlasten. Entscheidend für die Brutalisierung der politischen Kultur in der Zwischenkriegszeit waren vielmehr die nachfolgenden gesellschaftlichen Auseinandersetzungen und Diskurse, ferner die Mythen, Rituale und Symbole, mit denen der Krieg kollektiv erinnert und zugleich politisch instrumentalisiert wurde.

Der „Große Krieg", die ungeheure Masse der Opfer und der Entbehrungen sowie die zerstörten Existenzen und Lebensentwürfe verlangten nach einer permanenten „Sinngebung" – dieses Kunstwort wurde in den 1920er Jahren in Deutschland zu einem Zentralbegriff. Und in dem Maße, wie diese Sinngebung den Verlierern – den realen wie den gefühlten - nicht gelang, blieb der Krieg in die jeweilige Gesellschaft eingebrannt. Die Erfahrung des Weltkriegs verlängerte sich in der Nachkriegszeit als „Krieg in den Köpfen". Hieraus entstand ein diffuser Hass, den Hannah Arendt in ihren wegweisenden Reflexionen über „Elemente und Ursprünge totaler Herrschaft" (veröffentlicht 1955) zu Recht als formgebend erkannt hat:

> [...] der Haß [...] drang in alle Poren des täglichen Lebens ein und konnte sich nach allen Richtungen verbreiten, konnte die phantastischsten und unvorhersehbarsten Formen annehmen.

Zu den Hasspredigern nach 1918 gehörte Adolf Hitler. Dass der Erste Weltkrieg „Hitler erst möglich gemacht" hat (wie es sein Biograph Ian Kershaw formuliert), daran besteht heute kein vernünftiger Zweifel. Umstritten und in mancher Hinsicht ungeklärt ist hingegen nach wie vor, welche Funktion und Bedeutung der Weltkrieg, insbesondere auch die persönliche Erfahrung des Krieges, bei der Ausbildung seiner politischen Mission und vor allem seiner Ideologie gespielt haben. Der in Aberdeen lehrende deutsche Historiker Thomas Weber hat in einer 2010 publizierten Studie („Hitlers erster Krieg") die oftmals konstatierte Radikalisierung des späteren „Führers" durch den Weltkrieg in Frage gestellt und diese wie auch die Ausbildung seiner extremen Judenfeindschaft in die unmittelbare Nachkriegszeit verlegt. Diese Annahme trifft grundsätzlich zu und wird auch durch neuere Arbeiten über Hitlers Tätigkeit als Agent und Propandist der Reichswehr (1918-1920) erhärtet. Thomas Weber überdehnt aber eindeutig seine These, wenn er die Bedeutung und Wirkungsmächtigkeit des Weltkriegs für Hitlers Ideologie und Politik insgesamt herabmindert. Dies gilt auch für Hitlers bereits in seiner Wiener Zeit absorbierten Antisemitismus, auch wenn dieser bei Kriegsende noch eher diffus und somit durchaus formbar war.

Der Antisemitismus der Kriegsjahre erreichte nach 1919 einen noch „höheren Grad an ideologischer Zuspitzung, politischer Aggressivität und öffentlicher Wirksamkeit" (Helmut Berding) als jemals zuvor. Der einflussreichste der antijüdischen Organisationen und Verbände war der 1919 gegründete

„Deutschvölkische Schutz- und Trutzbund" mit über 200.000 Mitgliedern (1922). Doch wichtiger noch als die sehr hohen Mitgliederzahlen der antisemitischen und völkischen Gruppierungen war die fortwährende judenfeindliche Hetze und Propaganda, wie sie auf Hunderttausenden von Flugblättern und Handzetteln sowie auf Millionen von Klebemarken verbreitet wurde.

Der Kampf gegen den „jüdischen Bolschewismus" und die Weimarer „Judenrepublik" dominierte etwa die von Theodor Fritsch herausgegebene Wochenzeitung *Antisemitische Correspondenz*, die 1922 bereits in einer Auflage von 160.000 Exemplaren erschien. Derselbe Theodor Fritsch besorgte eine der deutschen Ausgaben des nicht nur in rechtsradikalen und antisemitischen Zirkeln stark verbreiteten Pamphlets „Die Protokolle der Weisen von Zion", in dem ein russischer Autor mit frei erfundenen Quellen eine angebliche Verschwörung von Juden und Freimaurern, mit dem Ziel, die „Weltherrschaft" an sich zu reißen, zu dokumentieren suchte. Der spätere Chefideologe der NS-Bewegung, der Balten-Deutsche Alfred Rosenberg, steuerte 1923 einen Kommentar zu den „Protokollen" bei, der ebenfalls weite Verbreitung fand. Unter dem Einfluss des „Russlandkenners" Rosenberg vollzog nunmehr der rastlose „Bierkelleragitator" Adolf Hitler die in Antisemitenkreisen bereits im Weltkrieg geläufige Fusion von Antisemitismus und Antibolschewismus, die fortan Hitlers „Weltanschauung" beherrschen sollte.

Ich komme zum zweiten Teil meiner Ausführungen: der *urkatastrophischen Verbindung* zwischen den beiden Weltkriegen. Doch bevor wir hierüber handeln, lassen Sie mich noch einen kurzen Blick auf die spezifisch deutsche Erinnerung an den Weltkrieg, sozusagen das deutsche Gedächtnis des „Großen Krieges", werfen. Die deutsche Kriegserinnerung nach 1918 war zutiefst uneinheitlich und gespalten: sie unterschied sich – wie dies der Dubliner Historiker Alan Kramer treffend formuliert hat – „nach gesellschaftlichen Klassen, nach Generationen, nach der Geographie, sowie nach Milieu und politischer Überzeugung." Dies gilt besonders für das Ende des Krieges und die Beantwortung der für Nachkriegsdeutschland zentralen Frage: Wer war letztlich verantwortlich für die militärische Niederlage, für die Novemberrevolution und den Zusammenbruch der Monarchie? Die daraus resultierenden politischen Gegensätze und Kontroversen bestimmten auch das Bild des Weltkriegs und verhinderten eine gemeinsame, verbindliche Kriegserinnerung, wie sie etwa in den Siegerstaaten Frankreich und Großbritannien anzutreffen war. Hinzu trat in Deutschland eine höchst selektive Wahrnehmung des Krieges und der Kriegsereignisse: Militärische Niederlagen, wie etwa die Marneschlacht 1914, wurden komplett ausgeblendet, aber auch die äußerst verlustreichen (aber letztlich unentschiedenen) Schlachten in Verdun, in Flandern und an der Somme blieben zunächst weitgehend unerwähnt. Dies sollte sich erst im Zuge der literarischen Befassung mit diesen Schlachten nach 1928 ändern. Die selektive Wahrnehmung des Krieges beschränkte sich keineswegs auf die Ereignisse des Weltkriegs, sondern spiegelte zugleich die politischen Auffassungen der Weimarer Verhältnisse wider: Während die Sozialdemokraten und die Angehörigen des Reichsbanners Schwarz-Rot-Gold für ihre Republik gefallen waren, Kommunisten für die bolschewistische Weltrevolution ihr Leben geopfert hatten, starben die ehemaligen Soldaten in der Wahrnehmung des nationalistischen „Stahlhelms" ebenso wie später der Nationalsozialisten „für Deutschland" oder für die „Bewegung". Der in zahlreichen Ländern anzutreffende Kult des „unbekannten Soldaten" fand in Deutschland seine besondere Adaption im Kult des politischen Märtyrers, respektive des „Blutzeugen" der NS-Bewegung (ein besonderes augenfälliges Beispiel hierfür ist der von Goebbels orchestrierte Horst Wessel-Kult).

Die nationalsozialistische Machtergreifung von 1933 führte zu einer wahren Hochkonjunktur der nationalistischen Weltkriegserinnerung. Auf der Basis historischer Stereotypien sowie mystischer Beschwörungen von Schlachtenorten wie Tannenberg, Langemarck und Verdun vollzog sich die politische Instrumentalisierung des „Großen Krieges". Bezeichnenderweise blieb die Schlacht an der Somme, die mit mehr als 1,1 Millionen toter und verwundeter Soldaten die mit Abstand verlustreichste Schlacht des Weltkriegs war, hierbei weitgehend ausgespart. Hingegen erwies sich der Langemarck-Mythos, die Heroisierung der Opfer unter der deutschen Kriegsjugend, als nachgrade ideale Plattform, ein eigentlich unbedeutendes militärisches Ereignis in einen nationalen Mythos zu verwandeln. (Bekanntlich hatte der deutsche Vorstoß im November 1914 nicht einmal bei dem kleinen Dorf Langemark, sondern bei dem allerdings für deutsche Zungen schwer auszusprechenden Örtchen Dixmuide stattgefunden). Zu Recht hat der Kulturhistoriker Bernd Hüppauf darauf verwiesen, dass die Entstehung des Langemarck-Mythos der erste erfolgreiche Versuch der Nationalsozialisten war, die militärischen Niederlagen des Weltkriegs in moralische Siege zu verwandeln.) In der Folgezeit diente Langemarck als willkommener Namensgeber für allerlei Aktivitäten, die von Schulen und Universitäten, der Hitler-Jugend, dem Erziehungsministerium (etwa durch die Langemarck-Stipendien) und schließlich von der Wehrmacht getragen wurden. Die ursprüngliche romantische Vorstellung von den jugendlichen Helden, die ihr Leben bereitwillig für das Vaterland opfern, wurde dabei ersetzt durch einen volkspädagogischen Auftrag mit klaren rassisch-ideologischen Zielsetzungen.

Die Instrumentalisierung des Ersten Weltkriegs für politische Zwecke und Absichten prägte insbesondere auch Hitlers Ansprachen aus Anlass des so genannten „Heldengedenktags". Der „Heldengedenktag", der zunächst Ende Februar und später dann zumeist Anfang bis Mitte März stattfand, löste von 1934 an den seit 1925 inoffiziell begangenen „Volkstrauertag" ab (inoffiziell, da der „Volkstrauertag" niemals gesetzlich verankert, sondern von der Reichsregierung nur empfohlen wurde). Auffallend ist dabei, dass Hitler einige Male im zeitlichen Umfeld der „Heldengedenktage", die stets von öffentlichkeitswirksamen Erinnerungsritualen zum Ersten Weltkrieg geprägt waren, weitreichende innen- wie außenpolitische Entscheidungen verkündete: so die Wiedereinführung der allgemeinen Wehrpflicht am Vorabend (16. 3.) des „Heldengedenktages" von 1935 oder der Einmarsch deutscher Truppen in das entmilitarisierte Rheinland am 7. März 1936. Am Tag darauf nahm Hitler an den Berliner Feiern des „Heldengedenktages" teil, bei denen zum ersten Mal wieder von der Menge die (ansonsten bei Nationalsozialisten verpönte) „Wacht am Rhein" angestimmt wurde. Der „Heldengedenktag" 1938 stand ganz im Zeichen des noch am gleichen Tag (13. März) vollzogenen Anschlusses Österreichs an das Deutsche Reich, während der Gedenktag im darauffolgenden Jahr (13. März 1939) vom bevorstehenden Einmarsch deutscher Truppen in die „Resttschechei" überschattet wurde. Bei allen Ansprachen Hitlers zu diesen und den folgenden „Heldengedenktagen" in der Berliner Krolloper oder im Lichthof des Zeughauses (die auch im Großdeutschen Rundfunk übertragen wurden) bemühte er sich darum, einen Bezug herzustellen zwischen den politischen und militärischen Erfolgen des NS-Regimes zu den Opfern des „Großen Krieges" und der Niederlage von 1918, um seinen Triumph umso höher ausfallen zu lassen. So erklärte Hitler in der „Heldengedenkrede" von 1941 – also auf dem Höhepunkt der Blitzkriegserfolge der Wehrmacht – kurz und bündig: „Das deutsche Volk hat alles wieder gut gemacht, was es einst in wahnsinniger Verblendung preisgab und verlor". Dies war nicht nur eine direkte Bezugnahme auf das von Hitler stets unterstellte Versagen der deutschen Heimatfront im Ersten Weltkrieg, sondern zugleich die überfällige Absolution.

Die militärischen Siege über Belgien und Frankreich im Frühsommer 1940 wurden vom NS-Regime als das wahre Ende des Ersten Weltkriegs gefeiert, wobei sich die Führung der Zustimmung der meisten Deutschen sicher sein konnte. Im Herbst 1940 fanden in Verdun und auf dem Soldatenfriedhof von Langemarck militärische Gedenkfeiern statt, die das siegreiche Ende des Ersten Weltkriegs symbolisieren sollten. Bereits am

12. Juni 1940, also noch vor der französischen Kapitulation, war auf der ersten Seite des *Völkischen Beobachters* ein Bild platziert, auf dem ein Wehrmachtsoldat zu sehen war, der die Reichskriegsflagge (nun mit Hakenkreuz) in französischen Boden pflanzte. Darunter stand der Satz, den der Wehrmachtsoldat drei ebenfalls abgebildeten Frontsoldaten des Ersten Weltkriegs zurief: „Und Ihr habt doch gesiegt".

Nicht nur in den Reden und Verlautbarungen Hitlers und denen anderer führender Nazis fand der Erste Weltkrieg stets einen starken Widerhall. Auch in der Politik und vor allem in der Kriegführung des Dritten Reiches wurden Ereignisse des Weltkriegs funktionalisiert und entsprechend instrumentalisiert. Es sind im Wesentlichen fünf politisch-militärische Kontexte, die einen direkten Bezug zum „Großen Krieg" aufweisen, und diese Kontexte wiederum korrespondierten eng mit dem Weltkriegsgedächtnis der meisten Deutschen, also mit der so genannten kollektiven Erinnerung an die Jahre 1914-1918:

– Propaganda: Bereits in „Mein Kampf" wie auch später in zahlreichen Reden hatte Hitler vehement das Versagen der deutschen Propaganda im Ersten Weltkrieg gegenüber dem alliierten, besonders dem britischen, Medienaufgebot und seinem Einsatz an der Front beklagt. Der enorme Propaganda-Apparat, den Goebbels und sein Ministerium, aber auch andere Ministerien und militärische Ämter nach 1933 aufbauten und insbesondere im Zweiten Weltkrieg forcierten, war auch eine direkte Folge dieser weitverbreiteten Überzeugung, dass ein Krieg durch die Propaganda mit-entschieden werde;

– Kriegswirtschaft: Verursacht durch die britische Seeblockade und die lange Dauer des Krieges entwickelte sich die Ernährungslage an der deutschen „Heimatfront" in der zweiten Kriegshälfte zusehends katastrophaler. Höhepunkt dieser durch bürokratische Fehlentscheidungen zusätzlich verschärften Mangelwirtschaft war in Deutschland der berüchtigte „Steckrübenwinter" von 1916/17, in welcher der durchschnittliche Verbrauch auf etwa 50 Prozent der Vorkriegsniveaus zurückging. Hitlers ausgeprägte Furcht vor einem Zusammenbruch der Heimatfront wie 1918 veranlasste ihn, der Versorgung der deutschen Bevölkerung im Zweiten Weltkrieg eine überaus hohe Priorität einzuräumen. Die Aufrechterhaltung von Versorgung und elementaren Dienstleistungen gelang weitgehend, eigentlich bis zum letzten Kriegsjahr, allerdings nur aufgrund der wirtschaftlichen Ausbeutung der besetzten europäischen Länder und mit Hilfe des Millionenheers von Zwangsarbeitern, vor allem aus Osteuropa. Ähnliches trifft auf die anfängliche Weigerung Hitlers zu, Frauen verstärkt in die industriellen und militärischen Kriegsanstrengungen einzubeziehen. Auch der weitgehende Verzicht auf eine umfassende militärische Dienstpflicht für Frauen entsprang möglicherweise der Sorge vor einer Destabilisierung der „Heimatfront" wie im Ersten Weltkrieg.

– Militärstrategie: Die Strategie der von der Wehrmacht in den ersten beiden Kriegsjahren geführten Blitzkriege (der Angriff auf Polen 1939, die Invasion in Nord- und Westeuropa 1940 und der Überfall auf die Sowjetunion 1941) mit Hilfe mobiler gepanzerter Einheiten war nicht zuletzt von der Absicht getragen, eine Wiederholung der verlustreichen Grabenkämpfe wie im Ersten Weltkrieg entlang der Westfront nicht erneut zuzulassen. Dies änderte sich allerdings – und zwar radikal – nach den heftigen Rückschlägen im Ostkrieg im Spätherbst 1942, vor allem nach dem Verlust einer ganzen deutschen Armee bei Stalingrad. Hitler begründete die Ausgabe von so genannten Haltebefehlen für die Truppe, also die Anweisung, jeden Quadratmeter eroberten Bodens um jeden Preis zu halten, explizit mit den Erfahrungen des Ersten Weltkriegs:

> Ich kehre [...] bewusst zu der Art Verteidigung zurück, wie sie in den schweren Abwehrschlachten des Weltkriegs, besonders bis zum Ende des Jahres 1916, mit Erfolg angewendet wurde.

Ungeachtet der immensen Verluste und entgegen dem Rat der meisten Generäle insistierte Hitler auf dieser starren und linearen Taktik in der Defensive.

– Kriegsziele: Bereits der Historiker Fritz Fischer hatte in seiner großen Studie „Deutschlands Griff nach der Weltmacht" (1961) sowie – stärker noch – in nachfolgenden Büchern und

Aufsätzen auf die Kontinuität zwischen den imperialen Kriegszielen („Siegfrieden") und den politischen und militärischen
Zielen Hitlers hingewiesen. Auch wenn diese Kontinuitätsthese
Fischers zu Recht als plakativ und deterministisch kritisiert
wurde, so lassen sich doch einige der hegemonialen Aspiratio-
nen Hitler-Deutschlands auf politische Zielsetzungen der wilhelminischen Entscheidungsträger zurückverfolgen: Dies gilt etwa für Frankreich, dessen Unterwerfung und nachfolgende Auf-
teilung sich aus im Ersten Weltkrieg nicht realisierten Macht-
vorstellungen speiste. Andererseits aber war die propagierte
Revision des Versailler Vertrags nur das erste Etappenziel, und
sie galt ohnehin nur einer Minderheit der unterworfenen Staaten
(Frankreich, Tschechien, Polen). Die dominierenden Faktoren in
„Hitlers Europa" waren der NS-typische Rassismus und eine
„vulgärdarwinistische Hemmungslosigkeit" (so Hagen Fleischer), die vor allem den ungeheuren Rassen- und Vernichtungskrieg im Osten und auf dem Balkan charakterisierten. Sie
bestimmten nachhaltig auch die mit historischen Assoziationen
einhergehenden Weisungen des „Führers", etwa gegenüber dem
„serbischen Verschwörerpack" (hier schienen Belgrad und Sarajewo 1914 auf), das sich ähnlich wie die polnische Führung
unzugänglich für eine deutsche „Globallösung" in Ostmitteleu-
ropa und auf dem Balkan gezeigt hatte.

– Partisanenkrieg: Es gibt starke Hinweise, dass die Vorstellung respektive die Wahrnehmung des Freischärlers oder
„Franktireurs", also des tatsächlichen oder auch nur imaginier-
ten irregulären Kämpfers gegen die deutschen Truppen in Belgien und Nordfrankreich 1914, das Vorgehen von Wehrmacht,
SS und Polizei während der ersten Phase des so genannten
Ostkriegs erheblich geprägt hat. So warnte etwa Himmler in
seinen Anweisungen zur Besetzung Polens vor polnischen und
jüdischen „Franktireurs". Ebenso wie seinerzeit in Belgien gab
es auch 1939 in Polen nur sehr vereinzelt Widerstand von Seiten
der Zivilbevölkerung. Gleichwohl kam es hier wie dort zu
massiven Vergeltungsaktionen, die zum Tod von über 5000
(Belgien August/September 1914) bzw. 16.000 (Polen allein im

September 1939) Zivilisten, und zwar Männer, Frauen und Kinder, führten. Ebenso wie die deutschen Soldaten bei ihrem Einmarsch 1914 in Belgien, so waren auch die Soldaten der Wehrmacht beim Angriff auf Polen davon überzeugt, in einen veritablen „Freischärlerkrieg" geraten zu sein, in dem jedes Mittel zur Beruhigung der Lage rechtens sei. Zugleich aber unterstreicht die um ein Vielfaches höhere Zahl der Opfer in Polen die neue Qualität eines nunmehr ideologisch und rassistisch geprägten Angriffskriegs.

Neben dem wirkungsmächtigen Konterfei des „Franktireurs" existierten weitere Bilder und Vorstellungen aus dem deutschen Erinnerungsarchiv des Ersten Weltkriegs, die von den Soldaten bei ihrem erneuten „Ritt nach Osten" nun entsprechend abgerufen wurden. Hierzu gehörte beispielsweise der so genannte Kosakeneinfall in Ostpreußen im August 1914 mitsamt der hieraus resultierenden „Russengefahr", einem von der deutschen Propaganda unmittelbar nach Kriegsbeginn verbreiteten Vorstellung von einer marodierenden russischen Soldateska. Zu diesen Wahrnehmungen gesellte sich nach 1917 das Bild des revolutionären „Bolschewiken", das bereits im Verlauf der Oktoberrevolution entstand, seine größte Wirkungsmächtigkeit jedoch erst während des nachfolgenden Bürgerkriegs entwickelte. Zahlreiche deutsche Generäle und Befehlshaber, die im Ersten Weltkrieg als jüngere Offiziere an der Ostfront gekämpft oder die Erfahrungen bei den Freikorpskämpfen nach 1918 im Baltikum oder in Oberschlesien gesammelt hatten, griffen im Ostkrieg der Wehrmacht auf diese vermeintlichen oder tatsächlichen historischen Erfahrungen zurück. Davon berichten Tagebucheintragungen wie auch explizite Anweisungen an die Truppen. Zweifellos bestanden erhebliche Unterschiede zwischen General Ludendorffs Projekt eines autoritären Militärstaats „Ober-Ost" und dessen Streben nach politischer Kontrolle und kultureller Dominanz über Polen, Ukrainer, Litauer, Letten, Esten, Weißrussen einerseits und der Hitlerschen bzw. Himmlerschen Konzeption eines auf der rassistischen Idee vom Lebensraum basierenden NS-Ostimperiums andererseits. Doch das Scheitern der deutschen „Kulturmission" im Ersten Weltkrieg hinterließ nach 1918 tiefe mentale Spuren, wie etwa die – nicht nur in Deutschland – verbreitete Auffassung vom „kulturlosen Osten", der sich einfach nicht reformieren ließ. Und diese tiefen Spuren ebneten mit Sicherheit der radikalen Ostpolitik und Ostexpansion der Nationalsozialisten den Weg.

Ich fasse zusammen: Der Erste Weltkrieg hatte politische, ökonomische, soziale und vor allem auch mentale Folgen und Konsequenzen, welche nicht nur das *Interbellum*, also die Zeit von 1919 bis 1939, in erheblichem Maße prägten und bestimmten. Ursächlich und wegweisend war neben dem besonderen Charakter dieses ersten industrialisierten Massen- und Maschinenkriegs die aufgezeigte Entgrenzung des Krieges: Das gilt etwa für die neuen Waffensysteme und ihre technischen Möglichkeiten, für die Einbeziehung der Zivilbevölkerungen in die Kriegshandlungen, aber auch für die propagandistischen Sichtweisen der jeweiligen Kriegsgegner. Die eingangs gestellte Frage nach der Bedeutung des Ersten Weltkriegs für das nachfolgende „Zeitalter der Extreme" (Eric Hobsbawm) war aber auch, wie wir gesehen haben, eng verknüpft mit dem kollektiven Gedächtnis der Menschen. In den Verliererstaaten Deutschland und Österreich-Ungarn aber auch in Italien (dem „gefühlten" Verlierer) blieb die Erinnerung heftig umstritten, zumal der Ausgang des Krieges und die Organisation des Friedens durch die Pariser Vorortverträge als zutiefst demütigend empfunden wurden. In der Weimarer Republik, in der die „Kriegsschuldfrage quasi Dauerkonjunktur" (Gerd Krumeich) hatte, gelang es weder einen mehrheitlich akzeptierten „Erinnerungs- und Gedächtnisort" zu finden (wie das beispielsweise in Frankreich und Großbritannien der Fall war), noch eine gemeinsame Semantik und Sprache über das Geschehene. Zwar bedienten sich alle Seiten des „Kults der Gefallenen" (George Mosse) wie des populären Rituals des „Unbekannten Soldaten", aber sie taten es durchweg für divergierende politische Entwürfe und sogar für unterschiedliche nationale Helden. Demgegenüber konnten sich in den meisten Siegerstaaten überwiegend zivile und vor allem verbindliche Formen des Gedenkens und Erinnerns entwickeln, nicht zuletzt, weil der politische Rahmen der Nation weitgehend unangetastet blieb.

Nach 1933 wurde der „Große Krieg" in Deutschland instrumentalisiert und für politische Absichten funktionalisiert wie nie zuvor. Gleichwohl begann schon in den 1930er Jahren eine zunächst generationenbedingte Abwendung vom Ersten Weltkrieg, die sich durch die Wahrnehmungen des nachfolgenden Zweiten Weltkriegs noch verstärkte. Die Gewalterfahrungen des einen wurden durch das Ausmaß an praktizierter und erlebter Gewalt im anderen Weltkrieg zunächst relativiert und schließlich nahezu völlig überlagert. Die Tatsache, dass der Krieg nunmehr auch auf deutschem Boden stattfand, die weitaus größere Zahl der Opfer, vor allem unter der Zivilbevölkerung, die Eskalation der Gewalt im Ostkrieg und schließlich der Mord an den europäischen Juden ließen die Schrecken und Katastrophen des Ersten Weltkriegs nur mehr als Auftakt zu einer Ära weitaus extremerer Gewaltausübung erscheinen.

Dies alles hatte erhebliche Folgen – dies gilt selbst für das familiäre Gedächtnis und die private Befassung mit dem „Großen Krieg" in den deutschen Familien nach 1945. Die Erinnerung an den Ersten Weltkrieg reduzierte sich fortan auf öffentliche Rituale, etwa auf das Gedenken am so genannten Volkstrauertag, das den gefallenen Soldaten beider Weltkriege sowie den zivilen Opfern „von Krieg und Verfolgung" (wie es hierzulande auf vielen Gedenktafeln heißt) vorbehalten blieb – auch dies ist ein Indiz für eine historische Distanzierung. Umso erfreulicher, dass es der Geschichtswissenschaft wie auch den Medien inzwischen nachhaltig gelungen ist, das öffentliche Interesse für den „Ersten Weltkrieg" neu zu beleben und damit seine Bedeutung für das 20. Jahrhundert zu unterstreichen.

Literaturhinweise:

Arendt, Hannah: *Elemente und Ursprünge totaler Herrschaft*, München 1986.

Berding, Hellmut: *Moderner Antisemitismus in Deutschland*, Frankfurt a. M. 1988.

Böhler, Jochen: *Auftakt zum Vernichtungskrieg. Die Wehrmacht in Polen 1939*, Frankfurt a. M. 2006.

Clausewitz, Karl von: *Vom Kriege*, Berlin 1880.

Fleischer, Hagen: *Nationalsozialistische Besatzungsherrschaft im Vergleich – Versuch einer Synopse*, in: *Anpassung, Kollaboration, Widerstand*, hg. v. Wolfgang Benz u. a., Berlin 1996, S. 257-302.

Förster, Stig: *„Der deutsche Generalstab und die Illusion des kurzen Krieges, 1871-1914"*, in: *Lange und kurze Wege in den Ersten Weltkrieg. Vier Augsburger Beiträge zur Kriegsursachenforschung*, hg. v. Johannes Burkhardt u. a., München 1996, S. 115-158.

Friedrich, Ernst: *Krieg dem Kriege* (Nachdruck mit einem Vorwort von Gerd Krumeich), München 2004.

Hirschfeld, Gerhard/Krumeich, Gerd/Renz Irina: *Die Deutschen an der Somme 1914-1918*, Essen 2006.

Hirschfeld, Gerhard/Krumeich, Gerd/Renz Irina (Hg.): *Enzyklopädie Erster Weltkrieg*, 2. erweiterte Neuauflage, Paderborn et al. 2014.

Hirschfeld, Gerhard u. Gerd Krumeich: *Deutschland im Ersten Weltkrieg*, Frankfurt a. M. 2013.

Hirschfeld, Gerhard: *„Der Führer spricht vom Krieg. Der Erste Weltkrieg in den Reden Adolf Hitlers"*, in: *Nationalsozialismus und Erster Weltkrieg*, hg. v. Gerd Krumeich, Essen 2010, S. 35-52.

Hirschfeld, Gerhard: *„Nazi Germany and Eastern Europe"*, in: *Germany and the European East in the Twentieth Century*, hg. v. Eduard Mühle, Oxford/New York 2003, S. 67-90.

Hobsbawm, Eric: *Das Zeitalter der Extreme. Weltgeschichte des 20. Jahrhunderts*, München/Wien 1995.

Horne, John u. Alan Kramer: *Deutsche Kriegsgräuel 1914. Die umstrittene Wahrheit*, Hamburg 2004.

Hüppauf, Bernd: *„Schlachtenmythen und die Konstruktion des ,Neuen Menschen'"*, in: *Keiner fühlt sich hier mehr als Mensch ... Erlebnis und Wirkung des Ersten Weltkriegs*, hg. v. Gerhard Hirschfeld, Gerd Krumeich u. Irina Renz, Neuausgabe, Frankfurt a. M. 1996, S. 53-103.

Jünger, Ernst: *In Stahlgewittern*. Sämtliche Werke, Bd. 1: Der Erste Weltkrieg, Stuttgart 1978.

Kershaw, Ian: *Hitler, 1889-1936*, Stuttgart 1998.

Kramer, Alan: *„First World War and German Memory"*, in: *Untold War. New Perspectives in First World War Studies*, hg. v. Heather Jones u. a., Leiden/Boston 2008, S. 385-415.

Mommsen, Wolfgang J. (Hg.): *Kultur und Krieg: Die Rolle der Intellektuellen, Künstler und Schriftsteller im Ersten Weltkrieg*, München 1996.

Lamszus, Wilhelm: *Das Menschenschlachthaus – Bilder vom kommenden Krieg*, kommentierter Nachdruck der 1. Auflage von 1912, München 1980.

Liulevicius, Vejas Gabriel: *The German Myth of the East. 1800 to the Present*, Oxford 2009.

Mosse, George L.: *Gefallen für das Vaterland. Nationales Heldentum und namenloses Sterben*, Stuttgart 1993.

Schumann, Dirk: *Politische Gewalt in der Weimarer Republik. Kampf um die Straße und Furcht vor dem Bürgerkrieg*, Essen 2001.

Woller, Hans: *Rom, 28. Oktober 1922. Die faschistische Herausforderung*, München 1999.

DOROTHEA REDEPENNING

Der Mensch, die Musik und der Krieg

Die Grundstimmung, die im Europa der 1910er Jahre herrschte,
war bekanntlich von einer freudigen Erwartung des Krieges geprägt, das ist vielfach belegt und gründlich untersucht.[1] Man
verachtete das dekadente 19. Jahrhundert, das zuletzt Antihelden
wie Jean Floressas Des Esseintes hervorgebracht hatte, Hauptfi-
gur in Joris-Karl Huysmans Kultroman *A rebours* (1884), einen
überfeinerten Ästheten und Abkömmling eines alten Ge-
schlechts, das durch Inzucht unfruchtbar wurde, oder *Salome*,
eine Lieblingsfigur der Bildenden Kunst der Zeit, die in Oscar
Wildes Darstellung (1893) die Dekadenz noch weiter treibt, indem sie für ihren erotischen Tanz das Haupt des Johanaan auf
einem Silberteller serviert bekommt, was Richard Strauss in seiner gleichnamigen Oper (1905) eindrucksvoll auf die Bühne gebracht hat. Die Vokabeln für das Unbehagen an der Überlebtheit
Europas hatten die Futuristen bereitgestellt:

> Wir wollen den Krieg verherrlichen – diese einzige Hygiene der
> Welt –, den Militarismus, den Patriotismus, die Vernichtungstat der
> Anarchisten, die schönen Ideen, für die man stirbt, und die Verach-
> tung des Weibes,

---

[1] Vgl. Schlüsselereignisse wie das sogenannte „Augusterlebnis" oder die
„Erklärung der Hochschullehrer des Deutschen Reiches" vom 16. Oktober
1914; gründlich und kritisch dazu: Steffen Bruendel: *Volksgemeinschaft
oder Volksstaat. Die „Ideen von 1914" und die Neuordnung Deutschlands
im Ersten Weltkrieg*, Berlin 2003; von literarisch-belletristischer Seite
dazu: Florian Illies: *1913. Der Sommer des Jahrhunderts*, Frankfurt am
Main 2012.

heißt es unter Punkt neun in Tommaso Marinettis *Manifest des Futurismus* (1909).[2] Das Spannungsverhältnis zwischen Dekadenz und Ästhetizismus auf der einen und antizivilisatorischer Ursprünglichkeit auf der anderen Seite offenbart sich schlaglichtartig in zwei Schlüsselwerken der Musik des 20. Jahrhundert, die beide unmittelbar vor Kriegsbeginn entstanden: Arnold Schönbergs *Pierrot lunaire* (1912) und Igor Strawinskys *Sacre du Printemps* (1913). Pierrot lunaire, auch eine Lieblingsfigur der Bildenden Kunst der Zeit, ist bei Schönberg ein lebensuntüchtiger Ästhet, der sich auf seiner Mondbarke in seine ferne Heimat Bergamo, ein Kunstland, träumt. Ihm kommen in seinem Ästhetizismus sogar die Tonalität und der Gesang abhanden (Beides haben als innovative Verfahren – Atonalität und Sprechgesang – später Karriere gemacht). *Le Sacre du Printemps* provozierte mit der Inszenierung eines rituellen Menschenopfers in heidnischer Zeit, mit der Verschränkung von entfesseltem Atavismus und ästhetischer Präsentation, kompositorisch mit der Verschränkung von motivischer Primitivität und rhythmischer wie auch klanglicher Komplexität den berühmtesten Theaterskandal des 20. Jahrhunderts (auch diese Verfahren haben später international Karriere gemacht).

Wie wenig von einer Bereitschaft zu gegenseitigem Verstehen in Europa vorhanden war, genauer wie gering die Bereitschaft, den anderen zu verstehen, schildert Thomas Mann in seinem *Zauberberg* (erschienen 1924), auf dem sich das lungenkranke 19. Jahrhundert versammelt hat. Hier geraten Lodovico Settembrini, ein italienischer Gelehrter, Vertreter von Humanismus und Zivilisation durch Aufklärung, und Leo Naphta, ein zum Katholizismus konvertierter Jude und Jesuit, Vertreter von Metaphysik und mittelalterlicher Sophistik, im intellektuellen Streit um Weltanschauungen derart aneinander, dass nur ein Duell als Ausweg bleibt. Aus der Diskussion um Kulturfragen wird ein Kampf auf Leben und Tod. Obwohl allen klar ist, wie veraltet, unangemessen, unverhältnismäßig und

---

[2] Zitiert nach: Hansgeorg Schmidt-Bergmann: *Futurismus. Geschichte, Ästhetik, Dokumente*, Reinbek bei Hamburg 1993, S. 77 f.

dumm diese Art der Auseinandersetzung ist, wird das Duell anberaumt; Settembrini schießt in die Luft, Naphta tötet sich selbst.

An die Stelle argumentativer Problemlösung tritt sprachlose Gewalt; die Jahrhunderte alte intellektuelle Tradition, die hinter den beiden Kontrahenten steht und die sie bei genauerem Hinsehen auch verbindet, vermag nichts gegen den absurden Waffengang der beiden Intellektuellen auszurichten, die auch als Metaphern für die sich mordenden europäischen Völker gelesen werden können.

Wie weit sich die Welt – auch die intellektuelle Welt – in eine Aporie hineinmanövriert hatte, lässt sich – nun aus musikwissenschaftlicher Perspektive – auch klar an den Debatten in den Musikzeitschriften ablesen und an der Auflösung der Internationalen Musikgesellschaft, die 1899 mit dem ausdrücklichen Zweck und Ziel gegründet worden war, auf internationaler Ebene zusammenzuarbeiten, und die 1914, begleitet von gegenseitigen Schuldzuweisungen, ihre Arbeit einstellte.[3]

Das Dreieck Mensch – Musik – Krieg, das hier im Titel steht, soll von der Seite der Musik in den Blick genommen werden. Wie viele Kriegs- und Friedenslieder es gibt, ist allgemein bekannt. Schillers und Beethovens „Freude schöner Götterfunken" ist heute ein globales Emblem für Frieden. Es besteht auch kein Zweifel daran, dass Musik ein äußerst wirksames Mittel für Propaganda ist. Die folgenden Überlegungen sollen deshalb von der Musik selbst ausgehen, weil sie für sich betrachtet – ohne Text, ohne Bilder und Szenerie – neutral ist. Mit Musik zieht man in den Krieg, mit Musik feiert man den Frieden; die gleiche Musik kann mit konträren Texten konträre Botschaften vermitteln: Kontrafakturen sind seit Jahrhunderten ein gängiges Verfahren. Und Musik kann, je nachdem, in welchem Kontext sie erklingt, höchst unterschiedliche Wirkungen entfalten; die glei-

---

[3] Vgl. dazu Christiane Sibille: *„Harmony must dominate the world". Internationale Organisationen und Musik in der ersten Hälfte des 20. Jahrhunderts*, Diss. Heidelberg 2014, Druck in Vorbereitung.

che Musik kann den einen tief berühren und den anderen kalt
lassen.

Der Krieg, den die Politiker nicht verhindern konnten oder
wollten und den eine breite Mehrheit in Europa – ganz im
Geiste von Marinettis Formulierung und in tödlicher Verblendung – herbeisehnte, der Krieg erscheint in der Musik, in Liedern und instrumentalen Werken, als eine Naturgewalt, die über
die Menschheit hereinbricht und für die dann stereotype Erklärungen wie Bedrohung durch den Feind, die Notwendigkeit der
Vaterlandsverteidigung und die Ehre des Heldentods bereitgestellt werden.[4] Dem verleihen Komponisten klingende Gestalt,
wobei sie zu Kriegsbeginn eher zu affirmativem Pathos tendieren. Mit fortschreitendem Krieg, mit immer mehr und Verletzten und Toten wandelt sich affirmatives in tragisches Pathos,
auch treten Themen wie Klage, Verlust, Tod in den Fokus der
Musik. Bemerkenswert ist zum einen, dass im Lauf der vier
Kriegsjahre religiöse Themen und biblische Sujets zunehmen,
zum anderen, dass kein Kriegslied, kein großes Opus das Leid
der anderen thematisiert: Der Gedanke, dass der Feind ein
Mensch ist, dem man Leid antut – Empathie, die Voraussetzung
für gegenseitiges Verstehen, wird durch die Konstruktion von
Feindbildern ausgeschaltet. An dieser Stelle bietet Musik
gleichsam ein Schlupfloch, denn sie kann Empathie herstellen,
gegebenenfalls sogar gegen den Willen dessen, der sie hört.

Das Dreieck Mensch – Musik – Krieg wird im Folgenden aus
zwei Perspektiven und anhand weniger Beispiele in den Blick

---

[4] Die kriegsbegeisterte Stimmung, Kriegsrituale und die Ästhetisierung des
Krieges ist kulturgeschichtlich aufgearbeitet von Modris Eksteins: *Rites of
Spring: The Great War and the birth of the Modern Age*, London: Bantam,
1989; deutsch als: *Tanz über Gräben. die Geburt der Moderne und der
Erste Weltkrieg*, Reinbek bei Hamburg: Rowohlt, 1990. Er nimmt die
Uraufführung des *Sacre du Printemps* als kulturhistorischen
Ausgangspunkt für seine Darstellung und knüpft damit an Theodor W.
Adornos in der *Philosophie der neuen Musik* (Tübingen 1949)
entwickelten These an, Strawinskys Ballett sei eine ins Künstlerische
transponierte Vorwegnahme der Schrecken von Krieg und Gewalt, konkret
der Schrecken des Nationalsozialismus.

genommen, die eine ist die Frage nach der Antwort der
Komponisten auf den Krieg und die andere geht der Frage nach,
wie Musik unter den Bedingungen des Kriegs auf ihre Hörer
wirken kann. Eine dritte Perspektive, die der Auswirkung des
Kriegs auf Musiker, wird hier nicht diskutiert. Wie viele Künstler, auch Musiker, diesem Krieg zum Opfer fielen, wird aktuell
in diversen Internetforen in diversen Sprachen diskutiert.

Wie reagieren die europäischen Komponisten auf den Krieg?

Abb. 1: Strauss und Hofmannsthal, Copyright: Richard-Strauss-
Institut, Garmisch-Partenkirchen.

Nicht alle Komponisten mussten am Krieg teilnehmen; viele von ihnen konnten ruhigeren Tätigkeiten nachgehen, sogar ihr Schaffen kontinuierlich fortsetzen, wie etwa Richard Strauss, bei Kriegsbeginn 50 Jahre alt, der 1916 seine *Ariadne auf Naxos* in zweiter Fassung herausbrachte und 1917 *Die Frau ohne Schatten* fertigstellte, die kriegsbedingt aber erst 1919 uraufgeführt werden konnte. Sein Verhältnis zum eigenen Schaffen und zum Krieg ist von Egoismus und Zynismus gekennzeichnet:

> Hugo [gemeint ist sein Librettist Hugo von Hofmannsthal] hat die verdammte Pflicht, den Tod fürs Vaterland nicht zu sterben, bevor ich meinen dritten Akt habe, der ihm, hoffe ich, noch mehr Ehre einbringen wird, als eine schöne Todesanzeige in der ‚Neuen Freien Presse'.[5]

Béla Bartók, der „bei der Musterung für untauglich befunden" wurde – „mein Körpergewicht beträgt 45 Kilo" – und den angesichts nationalistischer Borniertheiten gegenüber seinen Konzerten mit Volksliedern in unterschiedlichen Sprachen die blanke Wut packte, konnte nach Kriegsbeginn sogar noch Volkslieder sammeln. „Erstaunlich", schreibt er im Mai 1915 über seine Sammlungen in der Slowakei, dass

> man genauso sammeln konnte wie in den friedlichsten Zeiten. Es ist so, als ob die Bauern sich aus dem gar nichts machen. […] sogar zum Komponieren hatte ich Zeit bzw. war ich imstande: im modernen Krieg schweigen anscheinend die Musen nicht.[6]

– Zwei Jahre später, im Mai 1917, klingt das ganz anders:

> Schon allein dieser ständige Weltumsturz […] – sind doch die schönsten Gebiete (gerade in Osteuropa und der Balkan) vollkommen verwüstet – hat genügt, mich vollkommen niederzuschlagen."[7]

In dieser Phase vollendete Bartók das symbolistische Tanzspiel *Der holzgeschnitzte Prinz*, sein zweites Streichquartett, rumäni-

---

[5] Zit. nach http://ww1.habsburger.net/de/kapitel/hugo-hat-die-verdammte-pflicht-den-tod-fuers-vaterland-nicht-zu-sterben-bevor-ich-meinen-iii (2.2.2014).
[6] *Béla Bartók: Ausgewählte Briefe*, gesammelt und hrsg. v. János Demény, Budapest 1960, S. 106, 20.5.1915 aus Budapest.
[7] Ebd. S. 108.

sche Volkstänze und ungarische Bauerntänze für Klavier. Kriegsverherrlichende und Partei ergreifende Töne gibt es bei ihm, der als junger Mann ein glühender ungarischer Nationalist war, in dieser Phase nicht mehr.

Im deutschen Reich meldete sich Max Reger, bei Kriegsbeginn 40 Jahre alt, freiwillig zum Kriegsdienst, wurde aber für untauglich befunden. Gleich 1914 verfasste er eine *Vaterländische Ouvertüre* für großes Orchester, der er das *Deutschlandlied* als Cantus firmus zugrunde legte und in einer pompösen Steigerung mit der *Wacht am Rhein, Ich habe mich ergeben* und *Nun danket alle Gott* zu einem Quodlibet kombinierte. Reger, der „Vaterlandskrüppel",[8] war stolz auf diese kontrapunktische Tour de Force und bat seinen Verleger Simrock „um strengstes Siletium, sonst kommt mir irgendeiner mit der Combinierung dieser vier Lieder zuvor!"[9]

Reger bediente mit dem Opus den lärmenden deutschen Patriotismus zu Kriegsbeginn: die vier Lieder, die er hier einarbeitete, stammen bis auf den Choral aus der deutschen Einigungsbewegung des 19. Jahrhunderts; sie alle wurden als kriegsbefeuernde Gesänge reaktiviert. Hoffmann von Fallerslebens *Lied der Deutschen* (1841), damals noch nicht Nationalhymne, avancierte zum populärsten Gesang der Zeit, dicht gefolgt von Max Schneckenburgers *Wacht am Rhein* (1840, Melodie 1854 von Carl Wilhelm), die damals wie eine zweite Nationalhymne verwendet wurde. Mit *Ich habe mich ergeben*, einem patriotischen Studentenlied von 1820 (Text von Hans Ferdinand Maßmann, auf eine Melodie von August Daniel von Binzer) fand die Bereitschaft zu sterben, klingende Gestalt. Die sechste Strophe lautet: „Lass Kraft mich erwerben / in Herz und in Hand, / zu leben und zu sterben / fürs heil'ge Vaterland!" Den Choral, ein Tischgebet aus der Zeit des 30jährigen Krieges, seit dem Siebenjährigen Krieg in Preußen und seit der Reichsgründung im ganzen Land ein vaterländischer Hymnus, intonierte die war-

---

[8] Vgl. Susanne Popp: *Thematisch-chronologisches Verzeichnis der Werke Max Regers und Ihrer Quellen*, 2 Bände, München 2010, Bd. 1, S. 807.
[9] Ebd.

tende Menge auf dem Berliner Schlossplatz, als am 1. August 1914 die Mobilmachung ausgerufen wurde. Reger verarbeitet also vier überaus prominente Lieder, zu denen marschiert und patriotisches Hochgefühl evoziert wurde. Seine *Vaterländische Ouvertüre* holte die patriotische Stimmung in den Konzertsaal, und wie viele glaubte ihr Komponist zu der Zeit noch, dass es ein kurzer Krieg werde. am 29. September 1914 ließ er seinen Verleger wissen:

> Ob wir auf der Widmung des Werkes drucken; Unsrem ruhmreichen *oder siegreichen* deutschen Heere – das läßt sich ja endgültig noch *definitiv* machen *kurz* vor Erscheinen des Werkes. Bitte, also den Wortlaut der Dedikation noch nicht endgültig aufsetzen![10]

Eine direkte Antwort auf die deutsche Aggression ist Claude Debussys *Berceuse Héroïque* (1914), der auch sonst keinen Hehl aus seinem französischen Patriotismus machte.

> Seit man Paris von diesen lästigen Ausländern gesäubert hat, sei es durch Erschießen, sei es durch Ausweisung, ist es augenblicklich ein reizvoller Ort geworden.[11]

Dem kurzen Klavierstück sieht man seinen politischen Kontext nicht unmittelbar an. Wer mag, kann im punktierten Rhythmus des Orgelpunkts an Marschieren und bei den kleinen Quint-Quart-Einwürfen an militärische Signale denken; ansonsten gibt die Musik über den Kontext keine Auskunft.

Die *Berceuse Héroïque* ist eine von vielen Solidaritätsadressen an Albert I., König von Belgien. Als das deutsche Heer, gemäß dem sogenannten Schlieffen-Plan, von Norden aus in Frankreich einmarschierte, also durch Belgien marschierte und damit die belgische und luxemburgische Neutralität verletzte, worauf die britische Kriegserklärung folgte – nach dem Durchmarsch durch Belgien und Großbritanniens Kriegseintritt ergriff

---

[10] Zitiert nach: *Max Reger: Briefe zwischen der Arbeit*. Neue Folge, hrsg. v. Ottmar Schreiber, Bonn 1973, S. 251. Das Opus wurde am 8. Januar 1915 unter Regers Leitung uraufgeführt und trägt die vom Verleger Simrock vorgeschlagene neutrale Zueignung „Dem deutschen Heer gewidmet".

[11] Jean Barraqué: *Claude Debussy*. Reinbek bei Hamburg 1964, S. 148.

der englische Autor Hall Caine,[12] der sein Schaffen stets auch für politisches und humanistisches Engagement einsetzte, die Initiative zu einem knapp 200 Seiten starken Sammelband, *King Albert's Book: A Tribute to he Belgian King and People from representative men and women throughout the world*, den der *Daily Telegraph* Weihnachten 1914 herausbrachte.[13] Künstler, Wissenschaftler, Politiker, Würdenträger, Schauspieler, Nobelpreisträger aus England und vielen anderen Ländern – unter ihnen Henri Bergson, Romain Roland, Fritjof Nansen, Winston Churchill, der Erzbischof von Canterbury, der japanische Botschafter und die Feministin Emmeline Pankhurst – finden sich hier zu einer gemeinsamen Kundgebung gegen den Krieg zusammen. Der Band vereint kurze Statements, politische Kommentare, Gedichte, Bilder, Lieder, Hymnen und einige speziell für den Band verfasste größere Kompositionen, darunter Debussys *Berceuse Héroïque* mit der Widmung: „Pour rendre hommage à S. M. le roi Albert 1er de Belgique et à ses soldats." Schon in der Einzelausgabe 1915 bei Durant wurde diese Widmung weggelassen.

Edward Elgars *Land of Hope and Glory* (Nr. 1 aus *Pomp and Circumstances*, 1902) hatte seit Kriegseintritt Großbritanniens eine ähnliche nationale Bedeutung wie *Die Wacht am Rhein* in Deutschland. Für *King Albert's Book* vertonte Elgar unter dem Titel *Carillon* den Kampfaufruf des belgischen, seit 1908 in England lebenden Dichters Émile Cammaerts: *Chantons, Belges, Chantons*, einen Text, der in Verbindung mit Elgars Musik zum Durchhalten aufruft. Elgars Kunstgriff besteht darin, dass er, ähnlich wie französische Komponisten zur Zeit der Französi-

---

[12] Sir Thomas Henry Hall Caine (1853-1931), von der Isle of Man stammend, Autor populärer Unterhaltungsromane, die in der Stummfilmzeit auch als Vorlagen für Drehbücher dienten.

[13] Das Buch ist online greifbar unter https://archive.org/details/king albert00teleuoft (letzter Zugriff 30.11.2014).

schen Revolution, den Text als Melodram setzt, also nicht singen, sondern zur Musik deklamieren lässt.[14]

Abb. 2: Carillon, Edward Elgar. Titelblatt.

Elgar ließ in den nächsten Jahren ein zweites großes Opus
folgen, *The Spirit of England* (1915-1917), bestehend aus den
drei Sätzen, 1. *The Fourth of August*, 2. *To Women* und 3. *For
the Fallen*, das englischen Patriotismus in hohem pathetischem
Ton beschwört.

André Messager vertonte für *King Albert's Book* aus Victor
Hugos *Les chants du crépuscule* (1835) ein dort *Hymne* über-
schriebenes Gedicht, das er mit *Pour la Patrie* betitelte und im
dem er den hymnischen Ton Hugos musikalisch aufgriff. Er

---

[14] *Carillon* hat in der englischen und der französischen Wikipedia je einen
ausführlichen Artikel, englisch zweisprachig, französisch einsprachig – das
zeigt, welche Präsenz dieses Werk auch heute noch hat.

verwendete aber nur die erste von drei Strophen und ließ die Refrainstrophe weg, weil sich die Sammlung an den belgischen König und nicht an Frankreich richtet.

Pietro Mascagni aus Italien steuerte ein Klavierstück bei, das mit seinem Titel *Sunt lacrymae rerum* auf Vergils *Aeneis* verweist und auf die Trauer des Aeneas um seine im Trojanischen Krieg gefallenen Landsleute. Peter Erasmus Lange-Müller aus Dänemark schrieb für den Band ein Klavierstück mit dem Titel *Lamentation.*

Mascagnis und Lange-Müllers Beiträge sind die einzigen Totenklagen in diesem Band. Hier stehen – Ende 1914 – Heroismus, der Aufruf zum Kampfeswillen und die internationale Solidarität ganz im Vordergrund. Je weiter der Krieg fortschreitet, umso deutlicher lässt sich eine Diskrepanz zwischen Optimismus, affirmativem Pathos auf der einen, Trauer, Klage und leisen Töne auf der anderen Seite beobachten.

Maurice Ravel, der als Pilot hatte kämpfen wollen, aber aus gesundheitlichen Gründen abgelehnt worden war und seit 1916 als Transportfahrer Dienst tat, gedachte seiner toten Freunde mit der Klaviersuite *Le Tombeau de Couperin* (1917). Konkreter Hintergrund für das Werk ist auch der Tod der Mutter, der er sehr nahe stand. Jeder einzelne Satz ist mit einer persönlichen Widmung versehen:

I. *Prélude à la mémoire du lieutenant Jaques Charlot* – Jacques Charlot, 30jährig am 3.3.1915 gefallen, Schwiegersohn von Ravels Verleger Jacques Durant, Infanterieleutnant, war auch Musiker und hat Klavierauszüge von Ravels Werken verfasst; das zweite Stück in Debussys *En blanc et noir* für 2 Klaviere (1915) ist ebenfalls Jacques Charlot gewidmet.

II. *Fugue à la mémoire du sous-lieutenant Jean Cruppi* – Jean Cruppi gehörte zum Freundeskreis der Familie Ravel, diente als Unterleutnant 1914-1918, Todesdatum nicht bekannt; sein Vater, Jean Cruppi (1855-1933) war langjähriger Minister der französischen Regierung.

III. *Forlane à la mémoire du lieutenant Gabriel Deluc* – Gabriel Deluc (*1883), ein baskischer Maler, war mit Ravel vermutlich über sein Ballett *Daphnis et Cloe* bekannt; er diente als Unter-Leutnant und fiel am 15.9.1916.

IV. *Rigaudon à la mémoire de Pierre et Pascal Gaudin* – die Familien Gaudin und Ravel waren befreundet, die Brüder Pierre (*1878) und Pascal (*1883), die gleich bei Kriegsbeginn in die Armee eintraten, wurden am 12.11.1914 von der gleichen Granate getötet.

V. *Menuet à la mémoire de Jean Dreyfus* – Jean Dreyfus war der Stiefsohn von Mme. Dreyfus, mit der Ravel nach dem Tod seiner Mutter eng befreundet war (55 Briefe an sie, März bis Oktober 1916, von der Front), Jean Dreyfus fiel Ende 1916 oder 1917.

VI. *Toccata à la mémoire du capitaine Joseph de Marliave* – Joseph de Marliave (*1873) war ein Musikwissenschaftler und Kapitän der französischen Armee; er fiel am 25.8.1914. International bekannt wurde er durch sein Buch *Les Quatuors de Beethoven* (1925, posthume). Seine Frau, die Pianistin Marguerite Long, hat *Le Tombeau de Couperin* 1919 uraufgeführt.

Mit der historisierenden Suitenform und dem Verweis auf Couperin stellt Ravel ausdrücklich eine Beziehung zum 18. Jahrhundert und zu dem berühmten Clavecinisten François Couperin (1668-1733) her, das heißt, er knüpft eine Beziehung zur französischen Musikkultur und zu einer Zeit, die mit der deutschen Musik des 19. Jahrhunderts, insbesondere Wagners, nichts zu tun hat. Die Wahl der Gattung ist eine Distanzierung von der deutschen Musik. Auch hier gilt: Das Opus gibt von sich aus keine Auskunft über seinen Kontext, spätere Publikationen haben sogar die Widmungen weggelassen.

Abb. 3: Schönberg in Uniform. Copyright: Arnold Schönberg Center, Wien.

Die Österreicher Arnold Schönberg, Anton Webern und Alban Berg meldeten sich freiwillig und mit Begeisterung zum Kriegsdienst. Schönberg, von dem besonders harsche anti-französische Ausfälle bekannt geworden sind, begann 1916 mit der unvollendet gebliebenen Kantate die *Jakobsleiter* und verfasste im gleichen Jahr einen *Die eiserne Brigade* betiteln Marsch für Streichquartett und Klavier, der für einen Kameradschaftsabend gedacht war. Musikalisch bleibt unklar, ob Schönberg damit dem Militär Respekt zollen wollte oder ob der Marsch als Gro-

teske gemeint ist. Von Anton von Webern, der das Adelsprädi-
kat seit 1918 wegließ, weiß man, dass er freudig in den Krieg
zog. Von ihm sind nur einige Lieder aus der Kriegszeit erhalten.
Berg begann 1917 mit der Arbeit an seiner Oper *Wozzeck* nach
Büchner, und man kann annehmen, dass konkrete Erfahrungen
(schnarchende Männer in einem großen Schlafsaal und verdor-
bene Nahrung) in die Oper eingegangen sind.

Anders stellt sich das Schaffen von Komponisten dar, die pa-
zifistisch eingestellt waren. Der in Prag geborene Erwin Schulhoff, der in den 1920er Jahren für die Verbindung von Jazz und
Kunstmusik eintrat,[15] diente volle vier Jahre, in denen sein kom-
positorisches Schaffen ruhen musste. Von 1917 sind *Fünf Grotesken* erhalten, eine Sammlung von Klavierstücken, die in Asi-
ago während des Dolomitenkriegs entstanden sind. Seinem Ta-
gebuch vertraute er am 2. Dezember 1918 an: „Umwälzung über
Umwälzung! Die Menschheit, welche unzufrieden war – ist nun
noch unzufriedener! Es sind entsetzliche Spannungen im mo-
mentanen Dasein, fürchterliches Chaos überall! [...] Ich wurde
Groteske, Burleske, ich wurde Humoreske, ich bin der Gejagte,
ich beginne das ewige trostlose Leben des Ahasver."[16]

Schulhoffs Antwort auf seine Kriegserfahrung fand Eingang
in den Dadaismus, der sich seit 1916 in Zürich entwickelte, getragen von Hugo Ball, Tristan Tzara, Richard Huelsenbeck,
Hans Arp und anderen, einer von da an europaweit erfolgreichen Kunstrichtung, die auf die Erfahrung der Sinnlosigkeit mit
sinnloser Kunst antwortete. Als Schulhoff 1917 in Kampfpausen
seine *Grotesken* schrieb, brachten Eric Satie, Jean Cocteau und
Pablo Picasso in Paris die Ballett-Groteske *Parade* heraus, ein
Gemeinschaftswerk das aus seiner konsequenten Ablehnung al-

---

[15] Miriam Weiss: *To make a lady out of jazz. Die Jazzrezeption im Werk
Erwin Schulhoffs*, Diss. Heidelberg 2008, Neumünster 2011.
[16] Tagebucheintrag vom 2.12.1918, zitiert nach Christian Utz: *„Aller
Ernst ist Verblödung." Ironie und Montage in der Musik Erwin Schulhoffs*,
Online-Publikation, S. 10 f.: http://www.christianutz.net/html/research/
publi/Utz_Schulhoff1995.pdf (letzter Zugriff 19.12.2014).

ler gewohnten ästhetischen Regeln ein Prinzip machte und so einen Kommentar in dadaistischer Manier zur Absurdität des Krieges in Szene setzte.

Abb. 4: Hans Eisler
(Quelle: https://de.wikipedia.org/wiki/Hanns_Eisler)

Hanns Eisler leistete widerwillig Kriegsdienst und war als bekennender Sozialist böswilligen Schikanen ausgesetzt. 1918 entstanden drei Gesänge für eine Singstimme und Kammerorchester bzw. Streichtrio. Paul Hindemith, dessen Vater freiwillig in den Krieg gezogen und 1915 gefallen war, verfasste 1916 eine *Lustige Sinfonietta* für kleines Orchester, die alles andere als lustig ist. Er widmete sie dem Andenken an Christian Morgenstern (1871-1914). Die Satzbezeichnungen der Ecksätze – 1. *Die Galgenbrüder*, 2. *Intermezzo*, 3. *Palmström* – nehmen Bezug auf Werke Morgensterns, und man kann vermuten, dass dieses stille, unpathetische Werk auch des toten Vaters gedenkt.

1917 wurde Hindemith einberufen. am 27. Mai 1917 notiert er in seinem Kriegstagebuch: „Gegen Abend werden 8 Bomben in die Nähe des Ortes geworfen. Eine trifft eine Munitionskolonne, die (10 Minuten von uns entfernt) biwakiert. [...] Ein entsetzlicher Anblick. Blut, durchlöcherte Körper, Hirn, ein abgerissener Pferdekopf, zersplitterte Knochen. Furchtbar! Wie gemein und gleichgültig man wird. Ich glaube nicht, dass ich früher hätte ruhig essen oder arbeiten können nach solchem Anblick – und nun sitzt man schon wieder ruhig daheim, schreibt, unterhält sich und ist guter Dinge – und denkt nicht daran, wie bald auch unser Stündlein schlagen kann. – Es wird allmählich unheimlich hier. Ob wir unbeschädigt abrücken werden???"[17]

In dieser Zeit entstanden drei Gesänge für Sopran und Orchester, der erste und dritte verwendet Gedichte des Lyrikers Ernst Wilhelm Lotz, das mittlere ein Gedicht von Else Lasker-Schüler. Hier entscheidet sich Hindemith für eine hochexpressive Musiksprache, die gleichsam an der Schmerzgrenze verläuft und mit Anklängen an Wagners *Walküre* Todessymbolik einbezieht. Der Text des ersten Liedes lautet:

> Meine Nächte sind heiser zerschrien.
> Eine Wunde, die riß. Ein Mund
> zerschneidet gläsernes Weh.
> Zum Fenster flackerte ein Schrei herein
> voll Sommer, Laub und Herz.
> Ein Weinen kam. Und starke Adern drohten.
> Ein Gram schwebt immer über unsern Nächten.
> Wir zerren an den Decken
> und rufen Schlaf. Ein Strom von Blut wellt auf.
> Und spült uns hoch, wenn spät der Morgen grünt.

Ernst Wilhelm Lotz fiel am 26.9.1914 in Frankreich. Er war 24 Jahre alt.

Beide Werke Hindemiths sind typische „Schreibtisch-Werke". Es sind persönliche Stellungnahmen, die Publikation muss ihm weniger wichtig gewesen sein; und nach 1918 standen andere Dinge im Vordergrund. So ist es ein Glück, dass sie die

---

[17] Zit. nach http://www.hindemith.info/leben-werk/biographie/1914-1918/leben/fronterfahrungen/ (2.7.2014).

Wirren der Zeit überstanden haben.[18] Am 10. November 1918 vermerkt Hindemith in seinem Kriegstagebuch:

> Ein Ereignis, das mir Zeit meines Lebens unvergesslich bleiben wird: Als wir schon eingeschlafen sind, werden wir alle zum Oberst bestellt. [...] Der Oberst tritt, von einigen Offizieren begleitet, aus der Schlosstür und verliest bei Kerzenbeleuchtung – ein wunderbares Bild! – Erlasse des Reichskanzlers, Hindenburgs und der 17. Armee. Schaudernd vernehmen wir, dass der Kaiser abgedankt hat, dass Ebert Reichskanzler werden wird, und – oh höchste Wonne – dass in den nächsten Tagen der Waffenstillstand kommen wird. [...] Wir wandeln nach Hause, wie geblendet und können das Neue kaum fassen.[19]

Der kleine und unvollständige Durchgang durch Kompositionen aus der Kriegszeit fördert ein heterogenes Bild zutage. Als gemeinsame Grundlinie lässt es erkennen, dass Affirmation und Optimismus immer stärker abnehmen, je weiter der Krieg voranschreitet, dass umgekehrt ernste, nachdenkliche, auch stille Töne häufiger werden, sofern Komponisten überhaupt Gelegenheit haben zu schreiben.

II. Was macht die Musik mit den Menschen?

Jede Propaganda macht sich die Wirkung von Musik zu eigen; jede Armee hatte ihre Lieder. Das Volksliedarchiv in Freiburg verzeichnet 376 Titel zum Ersten Weltkrieg; ähnliche viele Lieder gibt es in den anderen Ländern.[20] Das gemeinsame Singen stärkt das Wir-Gefühl, nimmt Skrupel und Angst hinweg, schlimmstenfalls verharmlosen solche Lieder Mord und Totschlag. Ein viel gesungener deutscher Text mag das als pars pro toto veranschaulichen:

---

[18] Uraufführung und Veröffentlichung von Hindemiths Kriegswerken. Die *Lustige Sinfonietta* wurde 1980 uraufgeführt und erschien 1986 im Druck.

[19] Zit. nach http://www.hindemith.info/leben-werk/biographie/1914-1918 /leben/fronterfahrungen/ (2.7.2014).

[20] Vgl. *Musik bezieht Stellung. Funktionalisierungen der Musik im Ersten Weltkrieg*, hrsg. v. Stefan Hanheide u.a., Göttingen 2013, darin vor allem der Beitrag *Lied und Erster Weltkrieg in Frankreich: Kurzzeit. und Langzeitperspektive* von François Genton, S. 191-204.

Grenadiere Musketiere Kanoniere Pioniere
und Matrosen auch zur See
alles steht wohl auf der Wacht, Tag und Nacht
Deutschlands große Kriegsarmee
Schleicht da nicht der Moscowiter
und der Gen´ral Rennenkampf
Hindenburg, der edle Ritter
schickt ihm deutschen Pulverdampf
Jeder Schuß ein Russ´, jeder Schuß ein Russ´
Haut sie die Kosaken, daß die Knochen knacken
Marie, Marie, Mariechen mein
du mußt nicht gar so traurig sein
Ich komme schon beizeiten
daß ist ja bloß
Soldatenlos
fürs Vaterland zu streiten
Grenadiere Musketiere Kanoniere Pioniere
und Matrosen auch zur See
alles steht wohl auf der Wacht, Tag und Nacht
Deutschlands große Kriegsarmee
Franzmann will sich mausig machen
will durch Belgien übern Rhein
Hört ihr nicht die "Berta" krachen
Ei, die singt so süß und fein
Jeder Stoß ein Franzos´, jeder Stoß ein Franzos´
Blei und Kugelregen, das ist deutscher Segen

Marie, Marie, Mariechen.....
Grenadiere Musketiere Kanoniere Pioniere
und Matrosen auch zur See
alles steht wohl auf der Wacht, Tag und Nacht
Deutschlands große Kriegsarmee
Und John Bull, voll Haß und Hader
hat verschuldet all das Blut
Achtung, Volldampf das Geschwader
Deutschland sei auf deiner Hut
Jeder Tritt einen Brit´, jeder Tritt einen Brit´
Rammt ihn seine Schiffe auf die Felsenriffe
Marie, Marie, Mariechen.....[21]

---

[21] Quelle: http://www.volksliederarchiv.de/text3852.html (letzter Zugrif
30.11.2014).

Gäbe es ein tieferes Symbol der innigsten Zusammengehörigkeit aller, die, eben im Kriege zu höchster Potenz gesteigert, Millionen zu einer handelnden Idee werden lässt, als das Lied, der begeisterte Ausdruck der Stärke durch geeinte Vielheit?,

heißt es im Original-Ton der Zeit.[22] Das Kapitel Kriegslieder soll hier nicht vertieft werden; stattdessen sollen zwei Beispiele veranschaulichen, dass Musik nicht nur Aggressionen verstärken, sondern auch friedliches Verhalten herbeiführen kann.

Hindemith diente ab Januar 1918 als Militärmusiker eines Infanterie-Regiments im Elsass. Eine persönliche Notiz lautet:

Im Ersten Weltkrieg war ich als Soldat Mitglied eines Streichquartetts, das dem Obersten unseres Regiments ein Mittel war, den verhaßten Kriegsdienst zu vergessen. Er war ein großer Musikfreund und ein Kenner und Verehrer französischer Kultur. Kein Wunder darum, dass sein höchster Wunsch war, Debussys Streichquartett zu hören. Wir studierten das Stück und spielten es mit großer Rührung in einem Privatkonzert für ihn. Als wir den langsamen Satz beendet hatten, kam der Offizier, welcher den Nachrichtendienst leitete, bestürzt ins Zimmer und berichtete, daß soeben die Nachricht von Debussys Tod durchs Radio gekommen sei. Wir spielten nicht zu Ende. Es war, als wäre unserem Spielen der lebenshauch genommen worden. Wir fühlten aber zum ersten Male, daß Musik mehr ist als Stil, Technik und Ausdruck persönlicher Gefühle. Musik griff hier über politische Grenzen, über nationalen Haß und über die Greuel des Krieges hinweg. Bei keiner anderen Gelegenheit ist es mir je mit gleicher Deutlichkeit klargeworden, in welcher Richtung sich die Musik zu entwickeln habe.[23]

Der Brauch, dass die militärische Führungsspitze sich den Luxus von privaten Musikaufführungen leisten konnte, und die Schizophrenie, eine Kultur zu verehren, aber die Vertreter dieser Kultur zu bekriegen, sollen hier nicht diskutiert werden. Auch

---

[22] Zitiert nach Werner Klüppelholz: *Höllenkonzert – Der Erste Weltkrieg und die Musik*, SWR 2 Musikstunde, 12.5.-16.5.2014, Nr. 1, 12.5.2014: http://www.swr.de/erster-weltkrieg/der-erste-weltkrieg-und-die-musik1/-/id=12638894/nid=12638894/did=13170318/1w9mbss/index.html (letzter Zugriff 6.12.2014).

[23] Gottfried Benn: *Briefwechsel mit Paul Hindemith*, hrsg. v. Ann Clark Fehn, Wiesbaden - München 1978, S. 162.

die Frage, woher die vier Streicher die Noten bekommen hatten, muss unbeantwortet bleiben. Hindemiths Notiz, die sich auf den 25. März 1918, Debussys Todestag, bezieht, kündet von der Macht der Musik. Aus der Konstellation von der Aufführung des Streichquartetts, das den Oberst aus der Kriegsgegenwart in eine utopische Sphäre entrückte, und der Nachricht vom Tod des Komponisten, ergibt sich etwas, das Hindemith im Nachhinein als etwas Höheres begreift. Die Generation seines Vaters hätte es weihevoll genannt und eine religiöse Konnotation mitschwingen lassen. Heute sagt man „Musik kennt keine Grenzen", eine Formel, die eher auf kommerzielle Verwendbarkeit und globale Verfügbarkeit zielt. Wann Hindemith diese Notiz niederschrieb, ist nicht bekannt. Den Ernst, der in seiner Schlussfolgerung anklingt, hatte er in den zuvor erwähnten, erst im Rahmen seiner Gesamtausgabe publizierten Werken erstmals verwirklicht und nach 1933 konsequent wieder aufgegriffen mit Kompositionen wie *Mathis, der Maler* und dem Bratschenkonzert *Der Schwanendreher*, auch mit dem 1946 abgeschlossenen Requiem auf Walt Whitmans Text *When Lilacs Last in the Dooryard Bloom'd.*

Das zweite Beispiel bezieht sich auf Weihnachten 1914, als der Krieg unter Briten, Deutschen und Franzosen schon annähernd 800.000 Todesopfer gefordert hatte, als aber noch längst nicht absehbar war, welch ungeheuerliche Gräuel den Männern noch bevorstehen würden – Weihnachten 1914 kam es an der Westfront zu einer spontanen Verbrüderung der Soldaten, ausgelöst durch Musik. Die Einzelheiten sind gut belegt, von den sinkenden Temperaturen, die das Wasser in den Gräben gefrieren ließen, vom Neuschnee am ersten Weihnachtstag, der alles in eine weiße Decke einhüllte, von den kerzengeschmückten Weihnachtsbäumen, mit denen die Deutschen aus ihren Gräben kamen und die Engländer und Franzosen, die diesen Brauch weniger kennen, zunächst erschreckten, bis hin zum Auftritt Walter Kirchhoffs, Kammersänger und Ordonnanzoffizier im Stab des Oberkommandos der V. Armee, bis hin schließlich zum gemeinsamem Singen von Weihnachtsliedern und Austausch von Geschenken.[24] In den Erinnerungen von Kronprinz Wilhelm heißt es: Kirchhoff

> berichtete mir nächsten Tages, daß einzelne Franzosen auf ihre Brustwehren geklettert wären und so lange Beifall geklatscht hätten, bis er noch eine Zugabe hinzufügte. Hier hatte das Weihnachtslied mitten im bitteren Ernst des heimtückischen Grabenkrieges ein Wunder gewirkt und von Mensch zu Mensch eine Brücke geschlagen.[25]

Dass die Soldaten in der Feuerpause aufeinander zukamen und mit einander Weihnachten feierten, ist so außergewöhnlich, dass es vielfach in Literatur, Film, Oper und Song dargestellt wurde. In Heinz Steguweits 1933 in Hamburg aufgeführtem Propaganda-Stück *Petermann schließt Frieden oder Das Gleichnis vom deutschen Opfer* wird der Titelheld erschossen, als er mit Weihnachtsbaum aus dem Graben steigt, die barbarischen Feinde schießen hier sogar jede einzelne Kerze von seinem Tannenbaum aus. Spätere Deutungen entstanden erst seit den 1980er Jahren. Die prominentesten von zahlreichen Songs sind Paul McCartneys *Pipes of Peace* (1983) mit dem Refrain „Help them / Help me to learn / Songs of joy instead of burn, baby, burn"[26] und *All Together Now* (1990) der Liverpooler Band THE FARM, der Weihnachten 1914 zum Anlass für eine pazifistische Botschaft nimmt. *All Together Now* diente übrigens als offizieller Song der Fußballmannschaft bei der Europameisterschaft 2004. John McCutcheons *Christmas in the Trenches* (1984) ist eine in ihrer Schlichtheit erschütternde Antikriegsballade; Mike Hardings Ballade *Christmas 1914* (1989) klingt wegen der Glöckchen und der Frauenstimmen im Background eher süßlich. 2005 wurde in Cannes der Film *Joyeux Noël* gezeigt, der die

---

[24] Ausführlich dazu Modris Eksteins (Anm. 4).

[25] Kronprinz Wilhelm: „Meine Erinnerungen aus Deutschlands Heldenkampf" Mittler & Sohn, Berlin 1923, S. 115, zit. nach http://de.wikipedia.org/wiki/Merry_Christmas_(Film) 28.6.2014.

[26] „burn, baby, burn": Refrain in *Disco Inferno* (1976) der US-Soul-Band THE TRAMMPS.

Verbrüderungsszene dreisprachig inszeniert; das Filmdrehbuch bildet die Grundlage der amerikanischen Oper *Silent Night* (Kevin Puts: Musik und Mark Campbell: Libretto, Minnesota 2011).

Die Macht der Musik ist hier eindrucksvoll inszeniert. Nach und nach zieht sie die Kontrahenten in ihren Bann. Dabei ist es nicht wichtig, welche Musik erklingt; entscheidend ist, dass es eine gemeinsame Musik ist, eine Musik, verbunden mit gemeinsamen Erinnerungen, verbunden mit Heimat und mit Glauben, die beide zugleich als etwas eigenes, als nationales Charakteristikum, und als etwas kollektives, ein von nationalen Bindungen unabhängiges Charakteristikum wahrnehmen können. Sinnbild der verbindenden Idee sind die beiden Weihnachtslieder, *Stille Nacht* und *Adeste fideles*, die beide in allen drei Ländern und allen drei Sprachen gebräuchlich sind. Die alte Weisheit, „Wo man singt, da lass dich ruhig nieder, böse Menschen haben keine Lieder", die Johann Gottfried Seume zugeschrieben wird, setzt sich hier mit aller Macht durch – Musik als Friedensstifterin.

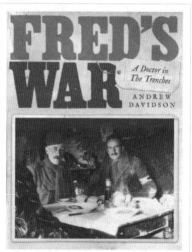

Abb. 6: Andrew Davidson: Fred´s War. A Doctor in the Trenches, London 2013, Titelbild.

Natürlich ästhetisiert der Film die Szene, kein Soldat hatte frisch gebügelte Uniformen, gepflegte Haut und saubere Fingernägel. Andrew Davidson brachte 2013 einen Band heraus, *Fred's War*,[27] mit Front-Fotos seines Großvaters, des Militärarztes Fred Davidson. Dies ist laut *spiegel online*[28] eine etwas andere Geschichte, nach dieser Lesart wollten die Cameronians, ein aus Schotten bestehendes Infanterieregiment, keineswegs mit den Deutschen feiern. Auf „Hoch der Kaiser" habe es „Fuck the Kaiser" zurückgetönt, außerdem habe es am ersten Weihnachtstag in Strömen geregnet.

Selbst wenn all die Berichte über die Fraternisierung und über das gemeinsame Singen von Weihnachtsliedern falsch wären – man müsste sie erfinden um ihrer pazifistischen Lesart willen, die sich wirkungsmächtig in der Kulturgeschichte niedergeschlagen hat.

Abschließende Überlegungen:
Ruperto Carola, das Forschungsmagazin der Universität, hat das April-Heft 2014 dem Thema *Krieg und Frieden* gewidmet. Silke Leopold fragt sich darin, wie Komponisten Krieg, vor allem aber, wie sie Frieden umsetzen.[29] Wie klingt Krieg, und wie klingt Frieden? Für Krieg steht Komponisten seit langem ein Vokabular zur Verfügung; aus Pauken und Trompeten sind im Ersten Weltkrieg große Orchester geworden, immer noch mit Schlagzeugen und Blechblasinstrumenten im Vordergrund; Werktitel und vertonte Texte machen das Gemeinte unmissverständlich klar. Seit dem Ersten Weltkrieg hat Krieg einen eigenen Klang, der mit Musik nichts zu tun hat: die neuen Waffen, vor allem die neuen Bomben sind höllisch laut. SWR 2 widmete dem Ersten Weltkrieg im Mai 2015 eine Musikstunde, mit gu-

---

[27] Andrew Davidson: *Fred's War. A Doctor in the Trenches*, London 2013.
[28] http://www.spiegel.de/einestages/erster-weltkrieg-gestoerter-weihnachts-frieden-von-1914-a-951345.html (letzter Zugriff 6.12.2014).
[29] Silke Leopold: *Mit Pauken und Trompeten. Klänge des Krieges – Klänge des Friedens*, in: *Ruperto Carola*, Nr. 4, Mai 2014, S. 134-138.

tem Grund war sie „Höllenkonzert" betitelt[30]. Ihr Autor hatte auch recherchiert, dass es gebräuchlich war, den Kriegslärm und die lärmenden Waffen mit Namen etwa aus Wagner-Opern zu personifizieren.

Wie klingt Frieden? Im Lichte des spontanen Waffenstill-stands Weihnachten 1914 kann man sagen, Frieden erklingt dann, wenn zwei Kontrahenten gemeinsam singen bzw. musizieren. Dann ist es nicht wichtig, welche Musik es ist; entscheidend ist, dass Gegner, dass Feinde gemeinsam singen und dabei nolens volens entdecken, dass sie Gemeinsamkeiten haben.

Die kompositionsgeschichtliche Patt-Situation, die vor Kriegsbeginn mit Schönbergs *Pierrot Lunaire* und Strawinskys *Sacre du Printemps* erreicht war und die während des Krieges nicht weiter verhandelt wurde, hatte nach 1918 an Relevanz verloren: Neben die Zwölftontechnik, die sich in *Pierrot lunaire* anbahnt, und neben die neue Relevanz des Rhythmus und der Volksmusik, die im *Sacre* erstmals nachdrücklich formuliert waren, traten nun der Jazz, mitgebracht von amerikanischen Soldaten, mit ihm die Unterhaltungsmusik und die Neue Sach-lichkeit, wie man die Annés folles in der Weimarer Republik nannte; darüber wurde das Musikleben in Europa reicher durch neue Werke aus den Ländern, die durch den ersten Weltkrieg ihre Souveränität wiederlagt hatten:[31] Die Ungarn Béla Bartók und Zoltan Kodaly, der Rumäne George Enescu, der Pole Karol Szymanowski, die Tschechen Bohuslav Martinů und Alois Hába – sie alle waren von nun an im europäischen Musikleben präsent und bereicherten es, bis Faschismus, Nationalsozialismus und Stalinismus dem erneut ein Ende setzten.

---

[30] S. Anm. 20.

[31] Von musikgeschichtlicher Seite aufgearbeitet in dem Sammelband *Von Grenzen und Ländern, Zentren und Rändern. Der Erste Weltkrieg und die Verschiebungen in der musikalischen Geographie Europas* hrsg. v. Christa Brüstle, Guido Heldt, Eckard Weber, Schliengen 2006.

ADRESSEN DER REFERENTEN

Prof. Dr. Cord Arendes
Universität Heidelberg
Historisches Seminar
Grabengasse 3-5
69117 Heidelberg

Prof. Dr. Manfred Berg
Universität Heidelberg
Historisches Seminar
Grabengasse 3-5
69117 Heidelberg

Prof. Dr. Gerhard Hirschfeld
Universität Stuttgart
Historisches Institut
Abteilung Neuere Geschichte
Keplerstr. 17
70174 Stuttgart

Prof. Dr. Gudrun Kammasch
Beuth Hochschule für Technik Berlin
Luxemburger Straße 10
13353 Berlin

Prof. Dr. Gerd Krumeich
Heinrich-Heine-Universität
Max-Weber-Gesamtausgabe
Universitätsstraße 1
D-40225 Düsseldorf

Prof. Dr. Dorothea Redepenning
Universität Heidelberg
Musikwissenschaftliches Seminar
Augustinergasse 7
69117 Heidelberg

Professurvertreterin Dr. Stefanie van de Kerkhof
Historisches Seminar
Universität Siegen
Hölderlinstr. 3
57068 Siegen